marketing pessoal
quando o produto é você

O selo DIALÓGICA da Editora InterSaberes faz referência às publicações que privilegiam uma linguagem na qual o autor dialoga com o leitor por meio de recursos textuais e visuais, o que torna o conteúdo muito mais dinâmico. São livros que criam um ambiente de interação com o leitor – seu universo cultural, social e de elaboração de conhecimentos –, possibilitando um real processo de interlocução para que a comunicação se efetive.

marketing pessoal
quando o produto é você

Cláudia Mônica Ritossa

Rua Clara Vendramin, 58 . Mossunguê
CEP 81200-170 . Curitiba . PR . Brasil
Fone: (41) 2106-4170
www.intersaberes.com
editora@editoraintersaberes.com.br

Conselho editorial Dr. Ivo José Both (presidente); Dr.ª Elena Godoy; Dr. Nelson Luís Dias; Dr. Neri dos Santos; Dr. Ulf Gregor Baranow
Editora-chefe Lindsay Azambuja
Supervisora editorial Ariadne Nunes Wenger
Analista editorial Ariel Martins
Preparação de originais Gabriel Plácido Teixeira da Silva
Capa Denis Kaio Tanaami
Fotografia da capa Photos to Go
Projeto gráfico Bruno Palma e Silva
Diagramação Stefany Conduta Wrublevski
Ilustrações Adriano Pinheiro
Iconografia Danielle Scholtz

Dados Internacionais de Catalogação na Publicação (CIP)
(Câmara Brasileira do Livro, SP, Brasil)

Ritossa, Cláudia Mônica
 Marketing pessoal: quando o produto é você / Cláudia Mônica Ritossa. – Curitiba: InterSaberes, 2012. – (Série Marketing Ponto a Ponto).

 Bibliografia.
 ISBN 978-85-8212-030-9

 1. Carreira profissional – Desenvolvimento 2. Comportamento organizacional 3. Marketing 4. Sucesso profissional 5. Relações interpessoais I. Título. II. Série.

12-07655   CDD-658.85

Índices para catálogo sistemático:
1. Marketing pessoal: Administração de empresas 658.85

1ª edição, 2012.

Foi feito o depósito legal.

Informamos que é de inteira responsabilidade da autora a emissão de conceitos.

Nenhuma parte desta publicação poderá ser reproduzida por qualquer meio ou forma sem a prévia autorização da Editora InterSaberes.

A violação dos direitos autorais é crime estabelecido na Lei nº 9.610/1998 e punido pelo art. 184 do Código Penal.

sumário

Apresentação, 09
Como aproveitar ao máximo este livro, 11
Introdução, 13

Capítulo 1
Marketing pessoal, 15

Branding, 19
Segmentação e público-alvo, 24
Posicionamento, 31
O composto de marketing, 35
Benchmarking, 37
Estudo de caso, 42
Síntese, 43
Para saber mais, 44
Questões para revisão, 45

Capítulo 2
Avaliando e definindo a sua marca pessoal, 49

Visão, valores e missão, 54
Objetivos e metas, 56
Diagnóstico pessoal: limites e potencialidades, 59
Diagnóstico ambiental: obstáculos e oportunidades, 61
Planejamento e estratégia, 65
Estudo de caso, 80
Síntese, 81
Para saber mais, 83
Questões para revisão, 84

Capítulo 3
Qualidades e competências, 87

A postura das empresas, 90
O que é competência?, 91
Quais as competências exigidas?, 94
O perfil do profissional, 95
A evolução do perfil do secretário, 100
Inter-relacionamentos, 104

Como estimular suas competências, 109

Estudo de caso, 113

Síntese, 114

Para saber mais, 116

Questões para revisão, 117

Capítulo 4
Comunicação verbal e não verbal, 119

O processo de comunicação, 122

Conceitos básicos de comunicação, 123

As principais dificuldades em se comunicar adequadamente, 125

Tipos de comunicação, 129

A importância da imagem, 135

Com que roupa eu vou?, 136

A comunicação eficaz, 141

Assertividade, 143

Estudo de caso, 145

Síntese, 146

Para saber mais, 148

Questões para revisão, 149

Capítulo 5
Ferramentas de marketing pessoal, 151

A construção do *networking*, 153

O cartão de visita, 163

Preparando seu currículo, 168

A entrevista de seleção, 176

Estudo de caso, 186

Síntese, 187

Para saber mais, 189

Questões para revisão, 190

Capítulo 6
Opinião que conta, 193

Os *insiders*, 195

Clipping, 203

Para concluir..., 215
Referências, 219
Respostas, 225
Sobre a autora, 229

Dedico este livro à memória de minha mãe, Fiorina, a qual, na sua simplicidade e sabedoria, me ensinou os primeiros fundamentos de marketing pessoal.

apresentação

O intuito deste livro sobre marketing pessoal, inspirado nas drásticas e velozes mudanças corporativas observadas no século XXI, é procurar instigar você à reflexão e à reavaliação dos seus objetivos e da maneira como você se apresenta e se prepara para os desafios do mercado profissional. O caminho não é fácil, mas o gerenciamento da carreira está ao alcance de qualquer um de nós.

Seis capítulos, revisados, ampliados e atualizados nesta nova edição, vão lhe oferecer orientação para que um projeto de marketing pessoal possa ser desenvolvido e implantado. No primeiro capítulo, são apresentados conceitos básicos de marketing empresarial que podem e devem ser igualmente aplicados a um planejamento de marketing pessoal.

O segundo capítulo introduz o conceito de marca pessoal e oferece os fundamentos necessários para a elaboração de um projeto de vida pessoal e profissional.

> Apesar de o termo *marketing* ser um estrangeirismo, pelo seu uso muito recorrente nesta obra, não será grafado em itálico, como geralmente se faz em casos de igual natureza.

As questões referentes às qualidades e às competências são abordadas no terceiro capítulo, que abrange também o perfil do profissional multifuncional e a importância dos inter-relacionamentos no ambiente empresarial.

O quarto capítulo trata sobre conceitos e práticas de comunicação verbal e não verbal, cada vez mais importantes no ambiente empresarial, pois a comunicação só ocorre de fato quando o outro compreende corretamente o que verbalizamos.

Na sequência, são apresentadas as principais ferramentas de marketing pessoal que podem ampliar sua visibilidade no ambiente profissional, como o *networking*, o cartão de visita, o currículo e a entrevista de seleção.

Finalmente, o sexto capítulo evidencia e reforça conceitos de marketing pessoal e apresenta opiniões emitidas por diversas fontes sobre os temas que foram discutidos no livro, seja por meio de depoimentos, seja por meio de reportagens obtidas nas mídias impressa e eletrônica.

Espero sinceramente que esta leitura lhe seja estimulante e o ajude a enfrentar os desafios pessoais e profissionais que você encontrar. Você merece os resultados obtidos com seu esforço e dedicação!

Boa sorte!

A autora

Como aproveitar ao máximo este livro

Conteúdos do capítulo
Logo na abertura do capítulo, você fica conhecendo os conteúdos que serão nele abordados.

Após o estudo deste capítulo, você será capaz de:
Você também é informado a respeito das competências que irá desenvolver e dos conhecimentos que irá adquirir com o estudo do capítulo.

Estudos de caso
Esta seção traz ao seu conhecimento situações que vão aproximar os conteúdos estudados de sua prática profissional.

Síntese

Você dispõe, ao final do capítulo, de uma síntese que traz os principais conceitos nele abordados.

Para saber mais

Você pode consultar as obras indicadas nesta seção para aprofundar sua aprendizagem.

Questões para revisão

Com estas atividades, você tem a possibilidade de rever os principais conceitos analisados. Ao final do livro, o autor disponibiliza as respostas às questões, a fim de que você possa verificar como está sua aprendizagem.

introdução

> "O senhor poderia me dizer, por favor, qual o caminho que devo tomar para sair daqui?", interrogou Alice.
> "Isso depende muito de para onde você quer ir", respondeu o Gato.
> "Não me importo muito para onde...", retrucou Alice.
> "Então não importa o caminho que você escolha", disse o Gato.
> (Carroll, 2002)

A carreira acadêmica é relativamente tardia em minha vida, porém não menos empolgante e desafiadora do que qualquer outra em seu início. Aqui me encontro porque, ao contrário de Alice, eu sabia aonde queria chegar. É verdade, às vezes o tempo para realizar um sonho é mais longo do que gostaríamos, mas quem disse que seria fácil? Alguém famoso já advertiu que o que torna um sonho irrealizável não é o sonho em si, mas a inércia de quem sonha.

Este livro pretende justamente oferecer alternativas para remover a inércia que nos prende a situações indesejáveis por meio da aplicação dos princípios e das ferramentas do marketing pessoal. Compartilho a minha experiência e a de outros profissionais, citados ao longo da obra, esperando humildemente conseguir provocar o impulso necessário para você tomar as rédeas da sua vida pessoal e profissional. Não espere, contudo, por fórmulas prontas ou práticas milagrosas. Sem esforço, determinação, planejamento e uma visão clara do horizonte que você pretende conquistar, não há resultado satisfatório.

Acredito que sua primeira reação à leitura deste livro possa ser: "Mas eu já sabia disso tudo!". É provável que isso aconteça, uma vez que o acesso à informação se encontra cada vez mais facilitado. Desejo, então, que a apresentação deste conteúdo – com as explicações que julguei mais relevantes sobre o que fazer e por que fazê-lo – possa tocar sua mente e seu coração, dando aquele empurrãozinho que faltava para você colocar em prática seu marketing pessoal.

Ao mesmo tempo que o livro procura orientar o leitor para eventos profissionais, sua leitura é recomendada para todas as pessoas, de qualquer formação, interessadas em gerenciar a própria carreira ou sua vida pessoal. O tema é sedutor. Torço para que os resultados sejam recompensadores para você.

Espero que aprecie a leitura.

capítulo 1
marketing pessoal

Conteúdos do capítulo

» Definição e aplicabilidade do marketing pessoal;
» Fundamentos do marketing empresarial aplicados ao marketing pessoal:
  » *Branding.*
  » Segmentação e público-alvo.
  » Posicionamento.
  » O composto de marketing.
  » *Benchmarking.*

Após o estudo deste capítulo, você será capaz de:

1. adaptar os fundamentos e os princípios do marketing empresarial para o marketing pessoal;
2. compreender a importância de construir uma marca pessoal ideal;
3. identificar o público-alvo para o qual seus esforços devem ser direcionados;
4. reconhecer as estratégias de posicionamento da marca pessoal;
5. entender as variáveis do composto de marketing pessoal;
6. saber como o *benchmarking* pode ser utilizado no aprimoramento da carreira.

Histórias de sucesso são encontradas por toda a parte. Jornais, revistas, televisão e internet nos bombardeiam com relatos de pessoas que superaram obstáculos e venceram desafios até prosperarem em suas vidas particulares e profissionais. No papel, o sucesso em retrospectiva nos parece, a princípio, ter sido fácil de conquistar. Na verdade, o primeiro pensamento que nos vem à mente é que os protagonistas dessas histórias tiveram muita sorte ao longo de suas carreiras e vidas pessoais: sorte de estar no lugar certo, na hora certa; sorte de ter feito aquele curso de espanhol que nem parecia tão importante assim na época; sorte de conhecer alguém influente que facilitou o acesso ao gerente de recursos humanos daquela cobiçada multinacional, e assim por diante.

Um olhar mais criterioso reconhece que sorte, apenas, não é suficiente para se obter êxito. Além do mais, sorte não é uma ferramenta com a qual podemos contar sistematicamente, pois ora a temos, ora não a temos. Com mais atenção, observamos que palavras como *determinação*, *disciplina* e *perseverança*, somadas ao estabelecimento de prioridades e à capacidade de tornar adversidades em oportunidades, estão por trás de muitos desses casos de triunfo pessoal e profissional. Mais ainda, constatamos que o sucesso de um indivíduo – assim como o de uma empresa – não depende apenas de uma boa ideia, de trabalho árduo ou de um destino generoso. Diversas ações planejadas são necessárias para que, em conjunto, formem um processo bastante complexo a ser executado. Por exemplo: o mercado deve ser mapeado, os concorrentes analisados, seus pontos fortes e fracos avaliados, os objetivos estabelecidos, os riscos e os resultados calculados, uma estratégia deve ser formulada e implementada. Ou seja, precisamos planejar um curso de ações e decidir com antecedência o que devemos fazer, como e quando, de acordo com nossas prioridades e aspirações pessoais.

Você deve estar pensando: "Eu não sou uma empresa!". De fato, você não é uma empresa; no entanto, diversos princípios e conceitos mercadológicos podem ser readequados e aplicados ao desenvolvimento individual de cada um de nós por meio da adoção de uma estratégia de marketing pessoal. Para tal, devemos entender o marketing pessoal como um conjunto de ações planejadas que facilitam a obtenção de sucesso pessoal e profissional, seja para conquistar uma nova posição no mercado de trabalho, seja para manter sua posição atual. Essas ações compreendem não só a divulgação de uma melhor imagem de nós mesmos, mas também o aprimoramento de nossas deficiências e o investimento em nossas qualidades. Todas as ações são interligadas e convergem para um só produto: você!

Mas por que devemos pensar em desenvolver um plano de marketing pessoal?

Em primeiro lugar, porque o reconhecimento e a promoção esperados por um trabalho bem executado estão cada vez mais difíceis de serem obtidos no meio profissional; porque novas oportunidades de trabalho são geradas com um plano de marketing pessoal bem elaborado; porque você está competindo com profissionais que já estão colocando em prática o plano de marketing pessoal deles; porque visibilidade pessoal é um fator fundamental para o desenvolvimento da sua carreira e, principalmente, porque quem gerencia sua carreira é você e não a empresa para a qual você trabalha. Portanto, tome as rédeas do seu futuro.

Se você ainda não se convenceu, veja o que o renomado consultor de marketing Seth Godin, citado pela revista *BusinessWeek* (2007), comenta a esse respeito: "Muitos de nós fomos ensinados a fazermos o melhor e, em seguida, deixarmos que o mundo decida como nos julgar. Acho que é mais acertado você fazer o seu melhor e você decidir como quer ser julgado. E aja dessa forma."

Nesse sentido, é perfeitamente possível adaptar as estratégias de marketing empresarial a nossas vidas pessoais. Na sequência deste capítulo, vamos analisar como e onde o planejamento de marketing da área empresarial se conecta com o da área pessoal.

Branding

Nossa primeira analogia com o mundo comercial refere-se às estratégias de *branding*, ou construção de marcas. De acordo com Kotler e Armstrong (2007), a marca de um produto não é somente um nome ou um símbolo. Ela representa percepções e sentimentos na mente do consumidor-alvo.

E nós? Possuímos uma marca?

Mesmo que não estejamos cientes, ao longo dos anos nossa forma de agir cria uma impressão nas pessoas. Essa impressão pode ser traduzida como a nossa marca pessoal ou, em outras palavras, aquilo que os outros pensam sobre nós (Persona, 2008).

Da mesma forma que a marca de um produto pode – ou não – estar associada a algum benefício desejável ou experiência memorável do consumidor, o mesmo acontece com o sentimento que nossa marca pessoal desperta nos ambientes em que interagimos.

Estamos suscetíveis a não deixar uma boa impressão nas pessoas porque somos percebidos e avaliados não só pelo nosso nome e identidade, mas por tudo o que fazemos para nos diferenciarmos e nos promovermos, desde que nosso desempenho e habilidades sejam compatíveis com a imagem favorável que pretendemos criar a nosso respeito (Kaputa, 2006).

Em outras palavras, isso quer dizer que não devemos "vender gato por lebre"; uma imagem duradoura deve, necessariamente, estar sustentada em nossas reais qualificações e competências, e não em demonstrar aquilo que não somos.

É importante salientar que a construção da nossa marca pessoal deve estar pautada em fatos concretos. Sermos descobertos numa mentira pode trazer consequências irreversíveis para a nossa imagem. Conforme argumenta Linkemer (1991, p. 20-21), "a imagem – profissional ou pessoal – deve ser a genuína expressão do que a pessoa é, e não um pacote de truques elaborados para enganar alguém que se está tentando impressionar; e essa expressão deve ser adequada à situação, ao ambiente ou à cultura em que a pessoa está envolvida".

> Você sabia que a impressão que causamos é processada nos primeiros sete segundos em que somos apresentados a alguém?

Um fato impressionante, comprovado por pesquisas, é que em 67% das vezes a primeira impressão percebida está correta (Antezana, 2007). Essa sensação é constituída por dois grupos de fatores: fatores não controláveis e fatores controláveis.

O primeiro grupo é formado pela nossa idade, gênero e cor de pele, fatores que são determinados em nosso nascimento e que não podemos alterar. Por outro lado, o segundo grupo contém fatores que podem ser controlados e aprimorados: são os quesitos que compreendem a aparência física, as expressões faciais, o contato visual, o movimento corporal e o uso que fazemos do espaço ao nosso redor. O conjunto desses fatores responde por 55% da imagem que passamos. Posicionar a nossa marca pessoal no mercado depende, portanto, de como as pessoas percebem e avaliam um conjunto amplo de elementos que trazemos conosco: atributos pessoais e profissionais, atitudes, competências, relacionamentos, comportamento, aparência e comunicação, entre outros.

Para desenvolvermos uma marca pessoal que consideremos como ideal, devemos refletir sobre três questões (McGarity, 2007).

Em primeiro lugar, precisamos saber o que compõe uma marca. Essencialmente, você é o único constituinte da marca. Isso significa considerar a sua personalidade, seus gostos, seus interesses e sua integridade. Sob o ponto de vista profissional, contamos com ingredientes como seus valores e ética profissional, a qualidade de seu trabalho e o seu nível de desempenho. De nada adianta sermos pessoas de conduta irrepreensível se nossas habilidades e competências profissionais não nos qualificarem. E, ainda, de maneira geral, lembre-se de que tudo o que fazemos publicamente contribui para a construção de nossa marca. Qualquer pessoa que nos observa deve ser considerada uma multiplicadora em potencial das impressões que causamos, boas ou ruins. Nada do que fazemos passa despercebido. Consciente ou inconscientemente, a percepção dos outros sobre nós torna-se a realidade para eles. Isso inclui, entre outros aspectos:

- a maneira como andamos, falamos e nos vestimos;
- nossa formação e profissão;
- o modo como cumprimos nossas obrigações e promessas;
- nosso cônjuge e círculo de amizades;
- o bairro em que moramos;
- o carro que possuímos;
- os locais que frequentamos.

Em segundo lugar, precisamos avaliar a imagem que está associada à marca que possuímos. É importante lembrar que existe uma diferença entre o que acreditamos ser e o que é percebido pelas outras pessoas, tanto no âmbito pessoal quanto no profissional. Nosso empenho deve se concentrar em diminuirmos essa diferença, pois – conforme apregoa o dito popular – "não basta ser, é preciso parecer". Basicamente, isso é possível por meio de uma análise autêntica de nossos pontos fortes e fracos. Nossa preocupação nessa etapa deve estar concentrada em procurar responder questionamentos como:

» O que eu represento para as outras pessoas corresponde àquilo que tenho como ideal?
» A impressão que as pessoas têm de mim é positiva ou negativa?
» O que as pessoas veem de notável em mim é real ou é apenas a percepção delas?
» Quais são meus pontos fracos que requerem aperfeiçoamento?
» O que me torna diferente dos demais (pontos fortes)?
» Quais palavras eu gostaria que me descrevessem?
» Como eu gostaria de ser percebido pelo meu público-alvo?
» Quais os desafios que meu plano atual me apresenta?
» O que devo fazer para que as pessoas me percebam como diferente dos demais?
» O que as pessoas sentem quando me veem?

Uma vez que a percepção de como os outros nos veem é fundamental para compreendermos a nossa imagem, não devemos confiar apenas na nossa opinião. Diversas respostas dependem de consulta a amigos, clientes e colegas de trabalho, os quais nos ajudarão nessa fase de avaliação de nossa imagem. A Reach Communications – empresa liderada pelo consultor de marketing pessoal William Arruda e especializada no lado humano do *branding* – sugere que, para avaliarmos nossa marca pessoal, as perguntas a seguir sejam aplicadas a, pelo menos, 15 pessoas e que depois as respostas obtidas sejam comparadas com nossas próprias respostas.

Avalie sua própria imagem

1. Quais são os dez atributos que melhor definem minha imagem?
2. Quais são minha maior habilidade e minha maior fraqueza?
3. Se eu fosse um carro, que modelo seria? Por quê?
4. Trabalhando em equipe, qual papel desempenho melhor?
   » **Protetor** (preocupo-me com a felicidade da equipe).
   » **Criador** (tenho ideias do que e de como fazer o projeto).

- » **Executor** (pego parte do projeto e executo).
- » **Facilitador** (ajudo o grupo para que ele atinja sua meta).
- » **Líder** (tomo para mim as responsabilidades do grupo e cobro prazos).
- » **Motivador** (inspiro os outros a buscarem o sucesso do projeto).
- » **Organizador** (cumpro prazos e garanto a conclusão das atividades).

Fonte: Adaptado de Reach Communications, citada por Arruda; Dixson, 2007.

A partir desse diagnóstico, seguimos para a terceira etapa, que se refere ao desenvolvimento da marca propriamente dita. Se desejamos que a nossa marca pessoal desperte uma imagem positiva nos diversos ambientes em que interagimos, devemos corrigir as eventuais distorções que identificamos na maneira como os outros nos veem. Isso traz implicações na formulação da estratégia de *branding*, que deverá evidenciar nossos pontos fortes, ao mesmo tempo que alguns dos pontos fracos deverão ser aperfeiçoados, para compor o plano que pretendemos para divulgar nossa marca pessoal. A ideia central é construirmos uma marca que nos diferencie dos demais perante o público-alvo selecionado. A diferenciação pode surgir de muitos aspectos, como a maneira como nos comunicamos, o serviço que oferecemos ou os atributos que associamos à nossa marca. Não há uma fórmula mágica que funcione igualmente bem para todas as pessoas. A melhor alternativa depende de como queremos nos posicionar e para quem, com base em nossas características, atributos, competências, objetivos e paixões.

Seria desejável que a impressão que causamos fosse determinada tão somente pelas nossas competências, habilidades e experiências. Infelizmente, a maneira como nos demonstramos tem uma parcela importante na avaliação inicial a que somos submetidos. Está na natureza humana rotular pessoas, objetos e situações baseando-se apenas em elementos superficiais (Montoya; Vandehey, 2005). "A primeira impressão é a que fica", e ela é formada nos primeiros segundos em que nos apresentamos: sua marca pessoal diz ao interessado se ele vai gostar de você mesmo antes de conhecê-lo. Nesses poucos segundos, o interlocutor faz pelo menos dez suposições a nosso respeito (Bittmann-Neville, 2007):

1. Posição social
2. Situação econômica
3. Nível educacional
4. Ocupação
5. Estado civil
6. Formação acadêmica
7. Ascendência
8. Confiabilidade
9. Credibilidade
10. Probabilidade de sucesso

Por isso, a mensagem que a marca pessoal transmite não pode confundir o interlocutor.

Segmentação e público-alvo

> Nossa marca pessoal é o reflexo do que somos e do que acreditamos: ela se manifesta por meio do que fazemos e de como o fazemos (McNally; Speak, 2001).

O mundo corporativo nos oferece duas preciosas constatações para a continuidade do nosso projeto de marketing pessoal. Primeiramente, as empresas sabem que não é possível satisfazer as necessidades de todos os consumidores da mesma maneira. Em segundo lugar, mesmo se considerarmos a constatação anterior como não sendo verdadeira, as empresas não teriam capacidade para atender a todos os tipos de demandas do mercado. Por isso, suas estratégias de marketing se concentram em direcionar a oferta de seus produtos ou serviços a um grupo (ou grupos) de consumidores cujos perfis se identifiquem com os valores que elas criam melhor (Kotler; Armstrong, 2007). Colocado de outra forma, para identificarem os clientes que podem ser atendidos de maneira superior, as empresas dividem o mercado em segmentos (grupos menores) que apresentam necessidades, características e comportamentos semelhantes, tomando por base o resultado de pesquisas que utilizam as mais diversas variáveis de segmentação, a saber: geográficas, demográficas, psicográficas ou comportamentais.

Para nós, no que diz respeito ao marketing pessoal, os clientes são todas as pessoas que se encontram nos ambientes em que interagimos. Essas pessoas têm expectativas sobre nós, e nosso comportamento pode ou não satisfazê-las (Persona, 2008). Certamente, não é possível agradar a todos, por isso segmentar e definir o público que queremos influenciar é fundamental para o desenvolvimento de uma estratégia de marketing pessoal efetiva. "Sair dando tiros para todos os lados", esperando que alguém demonstre interesse em nós, pode ser uma prática primitiva e ineficiente; além de gastarmos "balas" que podem ser úteis numa ocasião mais adequada, também corremos o risco de acertar alvos não pretendidos. A melhor maneira de evitarmos a dispersão de nossos esforços é identificarmos um nicho de mercado com o qual possamos nos relacionar positivamente.

A escolha do público-alvo, ou desse nicho de mercado, é uma das mais importantes etapas do nosso projeto de marketing pessoal. É para esse grupo de pessoas selecionadas que direcionaremos nossas ações e decisões. Não podemos nos esquecer de que nossos atributos e competências não são relevantes a todos e não sensibilizam todas as pessoas da mesma forma. Além do mais, a maneira como estabelecemos o contato e o conteúdo de nossa mensagem também difere conforme o grupo escolhido. Cada situação, por exemplo, requer o desenvolvimento de uma rede de relacionamentos específica, que corresponda ao perfil dos interlocutores dos quais gostaríamos de nos aproximar. Ou, ainda, alguns dos nossos pontos fortes podem não ser essenciais para alguns empregadores que tenhamos em vista. Devemos nos certificar de que oferecemos um pacote de benefícios adequadamente direcionado para o segmento que reconheça nosso valor.

Mas de que forma identificamos e selecionamos nosso público-alvo no âmbito profissional?

Tal qual as corporações, devemos nos preparar para efetuar algumas pesquisas sobre o mercado de trabalho em geral e que nos municiem com informações geográficas, demográficas, psicográficas ou comportamentais a respeito das empresas, tais como: localização, área de atuação (local, regional, nacional ou internacional), tamanho, tendências de crescimento do segmento, cultura organizacional (familiar, inovadora, estilos de liderança), políticas de recursos humanos, oportunidades de crescimento profissional e concorrência, entre outros.

Estar bem informado é um requisito básico para essa etapa. Além da coleta de dados estatísticos sobre fatores econômicos e de tendências do mercado de trabalho, da leitura de jornais e de revistas especializadas, bem como do acesso a conteúdos selecionados na internet, muitas informações podem ser obtidas por meio de contatos com agências de recrutamento, instituições de ensino, consultores e profissionais da área de interesse, que vão nos auxiliar no mapeamento do mercado de trabalho.

O resultado da nossa pesquisa poderá indicar claramente o alvo que devemos perseguir, mas também poderá apontar nossas deficiências em atender a um segmento específico. Fato é que, sem pesquisa, observação e análise, não saberemos a quem direcionar nossas mensagens, tampouco decidir as melhores alternativas de desenvolvimento e aprimoramento pessoal nas quais devemos investir.

A análise SWOT é uma das ferramentas de que dispomos para nos auxiliar na identificação do segmento com o qual poderemos interagir melhor de acordo com nossas aspirações e competências. A sigla *SWOT*, do inglês, é o acrônimo das palavras *Strengths*, *Weaknesses*, *Opportunities* e *Threats*, que significam forças, fraquezas, oportunidades e ameaças, respectivamente. Esse modelo, apesar de sua simplicidade, é amplamente utilizado na gestão e no planejamento estratégico das empresas, e podemos igualmente aplicá-lo em circunstâncias pessoais e profissionais. Em nosso caso, a empresa somos nós, com pontos fortes e fracos que variam de acordo com a percepção e as necessidades do segmento de mercado sob análise. Da mesma forma, cada segmento nos oferece oportunidades de crescimento ou ameaças que impedem a consecução de nossos objetivos. O propósito de efetuarmos esse estudo comparativo detalhado é reconhecer o nicho de mercado no qual nossa marca pessoal encontra a maior ressonância ou maiores possibilidades de aceitação para, consequentemente, ampliarmos nossas chances de sucesso.

Uma análise SWOT pessoal considera os seguintes aspectos (Schawbel, 2008):

» Pontos fortes – São as habilidades, atributos e competências em que você é superior. Incluem desde sua capacidade em redigir ou fazer apresentações em Microsoft PowerPoint®, até sua desenvoltura no trato com as pessoas, na fluência de um idioma estrangeiro ou na formação de uma sólida rede de relacionamentos. Não se esqueça também da experiência que você adquiriu em cargos anteriores e de seus talentos inatos, como estabelecer laços de confiança, carisma ou liderança.

- Pontos fracos – Esses são os pontos que requerem aprimoramento e podem incluir desde suas habilidades em informática até a maneira como você se apresenta em público. Suas fraquezas são norteadoras importantes para o estabelecimento de seu plano de desenvolvimento para superação dos obstáculos que impedem seu crescimento pessoal.
- Oportunidades – Nem todas as oportunidades com que você se depara são adequadas para os seus objetivos pessoais. Mas, sem dúvida, progredir na carreira, adquirir novas competências ou conhecer pessoas que possam influenciar positivamente sua escalada profissional são atos que requerem um olhar atento ao que acontece à sua volta.
- Ameaças – Ameaças surgem em toda e qualquer circunstância. Elas podem ser provocadas, por exemplo, por outra pessoa que concorre ao mesmo posto de trabalho que você ou por mudanças no segmento que você almeja e que passa a exigir novas qualificações e competências. Nem todas as ameaças podem ser evitadas, porém algumas oportunidades podem ajudar a superá-las.

Você deve estar se perguntando como pode ser desenvolvida uma análise SWOT na prática. Para aqueles que ainda não estão familiarizados com a aplicação dessa ferramenta, ilustraremos o processo utilizando uma personagem fictícia, Alessandra, gerente de publicidade de uma grande empresa:

- Pontos fortes:

  Sou muito criativa. Geralmente impressiono os clientes apresentando novas perspectivas sobre suas marcas.

Tenho facilidade de me comunicar com clientes e membros da minha equipe. Sou hábil em fazer perguntas-chave para encontrar a melhor abordagem mercadológica para o produto do cliente. Comprometo-me totalmente com o sucesso da marca de um cliente.

- Pontos fracos:

Tenho uma necessidade compulsiva de cumprir meus afazeres rapidamente e, por consequência, às vezes a qualidade do meu trabalho fica prejudicada. Essa mesma necessidade me causa estresse quando a lista de afazeres é muito grande. Tenho medo de falar em público, o que muitas vezes compromete a apresentação de projetos para os clientes.

- Oportunidades:

Uma grande empresa concorrente tem a reputação de não tratar bem seus clientes menores. Vou participar de um congresso de marketing importante no mês que vem. Nossa diretora de arte vai entrar em licença-maternidade.

- Ameaças:

Marcelo, um dos meus colegas de trabalho, é um exímio orador e está interessado na vaga da diretora de arte. O panorama econômico atual tem provocado um crescimento lento para as empresas de marketing. Diversas empresas, inclusive a minha, estão considerando efetuar novos cortes. Com a escassez de pessoal, frequentemente estou sobrecarregada de atividades, o que afeta negativamente a minha criatividade.

A partir dessa análise, Alessandra pode planejar diversas ações. Vamos pensar juntos, combinando as informações das quatro categorias citadas. Algumas sugestões são apresentadas a seguir:

- Com a proximidade da licença-maternidade da diretora de arte, Alessandra pode ter uma grande oportunidade de desenvolvimento de sua carreira se assumir as funções daquele profissional. Porém, seu colega também está de olho na vaga. Uma das alternativas é Alessandra conversar com Marcelo e propor que cubram as atividades da diretoria de arte em conjunto, cada qual contribuindo com seus pontos fortes, ou seja, ele com a oratória e ela com as ideias criativas. Além disso, o volume de trabalho seria dividido entre ambos, o que diminuiria o estresse de Alessandra e melhoraria a qualidade das atividades desenvolvidas.
- Apesar de o crescimento das empresas de marketing estar em ritmo brando, há um nicho de mercado esperando para ser bem atendido. Alessandra pode direcionar os esforços do seu departamento para captar clientes de menor envergadura, os quais estão sendo negligenciados pela concorrência.
- A participação no congresso de marketing permite que Alessandra crie redes de relacionamento estratégicas que podem trazer desdobramentos comerciais interessantes no futuro, sejam para ela (novas colocações), sejam para a empresa em que trabalha (novos negócios).

Tal processo pode ser igualmente aplicado nas situações em que ainda não nos encontramos empregados.

Focalizar nossa marca pessoal no público-alvo que corresponda ao observado em nossa análise SWOT perante o mercado de trabalho traz algumas vantagens importantes. Fundamentalmente, podemos enumerar quatro delas (Montoya; Vandehey, 2005):

1. as pessoas do grupo que selecionamos vão entender e reconhecer o valor superior que oferecemos porque disponibilizamos características e qualificações que são percebidas e valorizadas por esse segmento;
2. currículos, cartões, telefonemas e visitas são racionalizados porque estão direcionados para pessoas específicas – e não mais para "todo o mundo" –, o que reduz sensivelmente o volume de recursos financeiros empregados;
3. podemos personalizar o conteúdo da comunicação de acordo com as necessidades e com o perfil do público-alvo e obter, dessa forma, respostas mais efetivas; e
4. aumentamos nosso tempo de produtividade e a qualidade dos retornos que obtemos, uma vez que nossos esforços e energia estão direcionados a um grupo específico de interesse com o qual há potencial de identificação mútua.

Para que nossa mensagem seja clara e consistente, é fundamental estabelecermos o nicho de mercado que melhor se ajusta ao nosso perfil e às ações que pretendemos adotar. O principal objetivo é criar uma marca pessoal forte em uma comunidade empresarial específica.

Posicionamento

Para Ries e Trout (1996, p. 2), estrategistas que revolucionaram o mundo do marketing com suas ideias inovadoras, "posicionamento é o que você faz com a mente do comprador em potencial". Esse conceito está diretamente ligado com a imagem que o público-alvo percebe e entende dos produtos ou serviços ofertados. Um posicionamento eficaz coloca ênfase na diferenciação do produto ou do serviço em relação aos demais concorrentes. Em conjunto, imagem e diferenciação têm o objetivo de convencer o consumidor de que aquilo que está sendo ofertado é, de fato, a melhor escolha.

> Como esse mecanismo de posicionamento pode ser aplicado ao nosso projeto de marketing pessoal?

Diariamente nos deparamos com produtos e serviços, mas também com pessoas, que arquivamos em nossas mentes sob os mais diferentes rótulos: "preço abaixo da média", "bom atendimento", "eletricista confiável", "secretária eficiente", e assim por diante.

> Posicionar a nossa marca pessoal é, portanto, criar o rótulo que vai ficar na mente das pessoas que fazem parte do nosso público-alvo. Para isso, precisamos ter uma marca forte que nos diferencie dos demais e que assegure ao potencial empregador que nós somos a melhor escolha.

Enquanto a marca pessoal está relacionada à maneira como você é percebido, o posicionamento indica onde você se enquadra no cenário competitivo por meio de uma frase que descreva de maneira clara e vigorosa quem você é, o que você faz e o que tem para oferecer ao seu empregador em potencial. Seu objetivo é posicionar suas competências e habilidades na mente do ouvinte.

Inicialmente, devemos identificar o que nos diferencia dos concorrentes, o que temos de especial para oferecer e, depois, elaborar uma frase concisa que transmita essa ideia. Essa frase pode ser utilizada nas mais diversas circunstâncias em que tivermos a oportunidade de estar em contato com o público-alvo almejado. Por exemplo, durante uma entrevista, podemos usar essa frase ao responder ao questionamento "Fale-me sobre você"; em recepções, jantares e eventos em geral, nos quais somos apresentados a diversas novas pessoas; e ao nos apresentarmos ao telefone.

"Secretária, fluente em inglês e espanhol, com três anos de experiência em empresas multinacionais" ou, então, "administrador de empresas, especialista em gestão de projetos, com dois anos de experiência em empresas de grande porte, interessado em trabalhar com gestão da informação" são exemplos de textos que posicionam um profissional no mercado. Escolher o posicionamento adequado é crucial para que nossa exposição seja mais atraente e relevante para o público-alvo.

Para desenvolvermos uma estratégia de posicionamento, é aconselhável observar alguns aspectos, detalhados a seguir (Montoya; Vandehey, 2005).

Consistência

Suas habilidades e competências sustentam seu posicionamento, e demora algum tempo para torná-lo conhecido pelo público-alvo. São necessárias paciência e persistência. Mantenha-se na posição que você escolheu e seja consistente com o que você pretende transmitir a seus contatos. Trocar de posicionamento a todo momento só vai confundir seus potenciais interlocutores.

Inovação

Nem sempre é possível, mas, se há uma posição no mercado que ainda ninguém ocupou, você pode considerar a possibilidade de inovar. Nunca se sabe quando uma novidade pode se tornar um grande sucesso. Não tenha medo de ousar – porém, procure evitar modismos de mercado, pois eles desaparecem tão rapidamente quanto surgem.

Comunicação

Como vimos anteriormente, uma frase deve refletir seu posicionamento. Normalmente, as pessoas se perdem durante entrevistas porque não planejam com antecedência o que querem que sua posição transmita à pessoa com quem irão conversar. Atenha-se a declarar os pontos em que você se diferencia, sem se comparar com os concorrentes. Lembre-se: você será posteriormente avaliado pelo seu desempenho, portanto, não prometa o que não poderá cumprir.

Concorrência

Se você obtiver êxito em sua estratégia de posicionamento, esteja certo de que outros concorrentes vão querer imitá-lo. Prepare-se para lidar com essa situação. É fundamental manter seus conhecimentos constantemente atualizados e em sintonia com as demandas do mercado. Faça pesquisas, observe novos nichos de mercado, informe-se a respeito do segmento em que pretende atuar, enfim, expanda seus horizontes. Caso seja você quem quer imitar o posicionamento da concorrência, assegure-se de que possui algo a mais a oferecer do que os concorrentes.

Adaptabilidade

Por mais qualificado que você possa estar no momento, o avanço da tecnologia tem proporcionado mudanças constantes nas necessidades do mundo empresarial. Sua flexibilidade para se adaptar às novas demandas e oferecer o que o mercado exige é um diferencial admirável que se refletirá na sua estratégia de posicionamento. Portanto, especializar-se conforme as necessidades do público-alvo aumenta seu valor e seu diferencial perante a concorrência e abre novas possibilidades para você se posicionar na mente dos seus interlocutores potenciais.

O composto de marketing

Para atingir os objetivos das estratégias de marketing no mercado-alvo, as empresas utilizam um conjunto de ferramentas específicas associadas às quatro variáveis controláveis que formam o composto de marketing: produto, preço, praça e promoção (Kotler; Armstrong, 2007). Os 4 Ps, como são conhecidas essas variáveis, estão sob o controle da empresa e podem ser alterados, adaptados ou atualizados para influenciar a demanda do mercado-alvo.

Dessa maneira, atributos, qualidade, nome da marca, *design*, embalagem, características e garantias são alguns dos pontos em que os produtos podem ser reconfigurados de acordo com os objetivos da empresa. As estratégias de preço envolvem questões como descontos, prazos de pagamento, condições de crédito e estão diretamente relacionadas ao cenário competitivo e ao valor percebido pelo consumidor. A praça diz respeito a todas as ações necessárias para disponibilizar o produto para o consumidor, ou seja, a localização de pontos de venda, formas de distribuição, transporte e armazenagem, entre outros. Finalmente, para tornar um produto conhecido no mercado e fortalecer seu posicionamento, a promoção envolve atividades de propaganda, publicidade, venda pessoal, relações públicas e marketing direto, direcionadas ao público-alvo.

O produto tem uma posição de destaque no composto de marketing. Preço, praça e promoção orbitam ao redor do produto, que age como elemento aglutinador e orientador das funções das demais variáveis. No contexto do marketing pessoal, o produto é uma pessoa: você. Assim, você se torna o núcleo do composto de marketing e, por conseguinte, todas as outras variáveis interagem com seus atributos e suas características. Veja a seguir a Figura 1.1.

Figura 1.1 – Composto de marketing pessoal

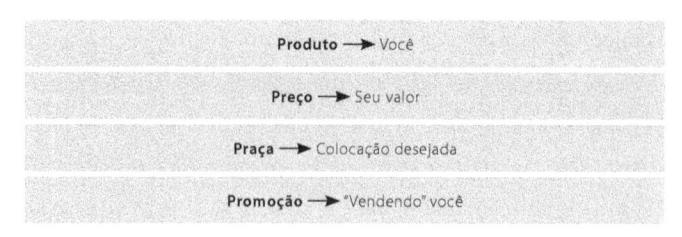

Produto ⟶ Você
Preço ⟶ Seu valor
Praça ⟶ Colocação desejada
Promoção ⟶ "Vendendo" você

Fonte: Schawbel, 2007.

No marketing pessoal, em vez de vendermos um objeto, "vendemos" a nós próprios. Nós nos tornamos o produto a ser "vendido". É certo que todos possuímos atributos e características que nos diferenciam dos demais e nos fazem quem somos. Cada um de nós, com nossos pontos fortes e fracos, personalidade, aparência e competências, forma um produto que precisa ter credibilidade no mercado. A construção de um produto atraente do ponto de vista profissional deve ser permanente e constante. Além disso, depende de atributos particulares, como formação acadêmica, experiência profissional, conhecimentos adquiridos, competências e habilidades desenvolvidas ao longo dos anos.

No que diz respeito à variável *preço*, é evidente que não existe um preço atrelado ao produto "você". Nesse caso, consideramos o valor que podemos proporcionar para uma empresa. O valor de cada profissional é, portanto, formado pelo conhecimento, pelos títulos e pelos anos de experiência que ele possuir. Nossa bagagem profissional está diretamente atrelada à remuneração que pretendemos, ou seja, quanto maior for o valor percebido pelo empregador, tanto maiores serão nossas pretensões salariais.

O seu público-alvo ou, colocado de outra maneira, a empresa em que você gostaria de trabalhar e a posição que almeja galgar assumem o papel da praça no composto de marketing pessoal. A praça é identificada, como já mencionamos anteriormente, por meio de uma criteriosa pesquisa que permitirá a seleção de empresas e setores específicos, nos quais o produto "você" poderá encontrar maior receptividade ao pleitear uma colocação. Evidentemente, seu interesse pode ser ainda mais específico e estar direcionado para um grupo de empresários ou equipe de projetos com os quais você deseja interagir, e não apenas a uma empresa ou ramo de atividade propriamente ditos. Decidir corretamente sobre a praça significa encontrar uma experiência que, além de enriquecer seu currículo, também agregará valor ao seu produto.

Finalmente, uma vez que os atributos do produto foram incrementados, o valor foi determinado e a praça identificada, o próximo passo diz respeito à construção de um plano estratégico que nos promova adequadamente. É fundamental nos apresentarmos de maneira tal que nossas habilidades, talentos e qualificações sejam valorizados para nos colocarmos numa posição de destaque. Ou seja, a promoção no marketing pessoal é uma forma de comunicação com o intuito de informar, convencer e lembrar os empregadores e os parceiros em potencial de que o produto "você" está disponível, com a expectativa de influenciar as opiniões sobre nós e promover uma reação positiva. Em suma, a promoção diz respeito às estratégias que devemos implementar para dar visibilidade à nossa marca pessoal.

Benchmarking

Outra estratégia do marketing empresarial que pode ser utilizada no aprimoramento de nossas carreiras é a técnica do *benchmarking*. Por definição, *benchmarking* consiste em observar, fazer comparações e procurar imitar as melhores práticas de empresas, concorrentes ou não, inclusive daquelas pertencentes a outros ramos de negócio (Maximiano, 2000). Em essência, além de aprender novas práticas a partir da observação, as empresas que utilizam essa técnica buscam também ultrapassar seus concorrentes e alcançar uma vantagem competitiva no mercado.

Conforme Andersen (1999), *benchmarking* é a prática de ser humilde o suficiente para admitir que alguém é melhor do que nós em algo, e ser sensato o suficiente para aprender como alcançá-lo e superá-lo. Por conseguinte, não devemos nos sentir constrangidos em fazer *benchmarking* de profissionais que admiramos, pois não se trata de uma imitação pura e simples, mas, sim, de absorvermos para benefício próprio o que percebemos como sendo qualidades excepcionais de uma pessoa de sucesso.

> Uma estratégia eficaz de marketing pessoal inclui observarmos quais são as características que tornam essas pessoas especiais e valorizadas no ambiente profissional e procurarmos adaptá-las ao nosso perfil.

A principal vantagem desse princípio é a possibilidade de descartarmos imediatamente ações que, pela experiência de terceiros, comprovadamente não deram certo e nos concentrarmos naquelas que resultaram em êxito. Com a aplicação das técnicas de *benchmarking*, estamos de fato aprendendo com os erros e os acertos do outro. Isso se traduz na otimização do tempo e do dinheiro investidos no planejamento de uma estratégia vencedora para o nosso desenvolvimento pessoal. Outra vantagem dessa técnica é que a observação do outro e a necessidade de comparação nos levam à autoavaliação como forma de corrigirmos os eventuais desacertos de nossas ações anteriores. Sempre que paramos para avaliar nossas ações, aprendemos um pouco mais a respeito de nós próprios, tanto sobre nossas virtudes quanto sobre nossas deficiências.

Pessoas famosas também podem nos influenciar positivamente, por isso há tantos que apreciam ler biografias – há muito para aprendermos com a maneira que essas pessoas famosas conduziram suas vidas. Martins (2004) dá exemplos de algumas personalidades e aponta as principais características pelas quais são admiradas:

Gandhi – Paciência e habilidade para negociar.

Jô Soares – Facilidade na comunicação e na improvisação.

Pelé – Gerenciamento da própria imagem e carreira.

Ayrton Senna – Superação de limites, perseverança e autocontrole.

Bill Gates – Visionário.

Gustavo Kuerten (Guga) – Humildade, bom humor e carisma.

Fato é que não precisamos necessariamente nos espelhar apenas em pessoas famosas, mas também naquelas em quem depositamos nosso apreço por suas habilidades, posturas e desenvolturas pessoais e profissionais. Isso inclui pessoas como os pais, os parentes, os amigos, os professores e os vizinhos. O que importa realmente é podermos identificar os pontos em que estamos defasados e encontrar subsídios para planejar as ações rumo ao nosso desenvolvimento na experiência e reconhecer características de pessoas que temos em alta conta. Essa pode se tornar uma experiência inspiradora de autossuperação que nos motive a buscar o aprimoramento constante de nossas competências e habilidades.

Nos capítulos seguintes, diversos aspectos necessários para a construção de uma marca pessoal são abordados com maior profundidade, tais como limites e potencialidades; obstáculos e oportunidades; estratégias e planejamentos; qualidades e competências sociais, intelectuais e profissionais; atualização e aprimoramento; *networking*; comunicação e apresentação, entre outros. No capítulo final, estão reunidos depoimentos de diversos profissionais sobre a importância do marketing pessoal no desenvolvimento de uma carreira de sucesso.

O poder da marca

Existem muitas definições de marketing e *branding*. Uma explicação simplificada, mas que realmente faz sentido, consta a seguir.

- » Você está numa festa e vê uma linda mulher. Você se dirige até ela e diz: "Eu sou um cara fantástico." Isso é **marketing direto**.
- » Você está numa festa e vê uma linda mulher. Você se dirige até essa mulher e pega o número de telefone dela. No dia seguinte, você liga e diz: "Olá, eu sou um cara fantástico." Isso é **telemarketing**.

> » Você está numa festa com seus amigos e vê uma linda mulher. Um de seus amigos vai até ela e diz, apontando para você: "Ele é um cara fantástico." Isso é propaganda.
> » Você está numa festa e vê uma linda mulher. Você se levanta, ajeita a gravata, caminha até ela e oferece uma bebida. Você abre a porta para ela, pega a bolsa que ela deixa cair, oferece uma carona e, em seguida, diz: "A propósito, eu sou um cara fantástico." Isso é relações públicas.
> » Você está numa festa e vê uma linda mulher. Ela vem até você e diz: "Eu ouvi dizer que você é um cara fantástico." Isso é reconhecimento da marca.

Fonte: Adaptado de Vetter, 2005.

Quando construímos uma marca forte, criamos ao nosso redor uma aura de confiança que atrai as pessoas, inspira credibilidade e aumenta nosso reconhecimento.

Estudo de caso adaptado de Ries, 2003, citado por Montoya; Vandehey, 2005.

Estudo de caso

Grande parte das pessoas, quando perguntadas em qual atividade apresentam um desempenho superior, costuma responder: "Eu sou bom em lidar com pessoas, no desenvolvimento de planilhas e em planejamento estratégico", ou seja, "Eu sou bom em tudo". Mas é assim que se constrói uma marca pessoal? Obviamente não.

A marca tem o objetivo de criar uma melhor percepção, não um melhor produto. Porém, a maioria das pessoas está concentrada apenas na criação de um indivíduo melhor (leia-se "produto"). Dessa forma, passam o resto da vida se perguntando por que razão suas habilidades fantásticas não são reconhecidas.

Uma marca não é necessariamente um produto ou uma pessoa melhor (embora possa ser), mas um nome que significa alguma coisa na mente do seu interlocutor em potencial. Reflita sobre o desenvolvimento de sua marca pessoal e responda:

1. Você está desenvolvendo um produto (indivíduo) melhor com o objetivo de criar uma melhor percepção da sua marca?
2. De que maneira você poderia aperfeiçoar a percepção que as pessoas têm de você?
3. Qual é a relação que existe entre a percepção de uma marca e a qualidade do produto (indivíduo)?

Síntese

Histórias de sucesso são encontradas por toda a parte. Em retrospectiva, tal sucesso dá a impressão de ter sido fácil de conquistar. O primeiro pensamento que nos vem à mente é que os protagonistas dessas histórias tiveram muita sorte ao longo de suas carreiras e vidas pessoais. Com mais atenção, observamos que palavras como *determinação*, *disciplina* e *perseverança*, somadas ao estabelecimento de prioridades e à capacidade de tornar adversidades em oportunidades, estão por trás de muitos desses casos de triunfo, ou seja, precisamos planejar um curso de ações e decidir com antecedência o que devemos fazer, como e quando, de acordo com nossas prioridades e aspirações pessoais. A isso chamamos de *marketing pessoal*, um conjunto de ações planejadas que são interligadas e convergem para um só produto: você!

Nesse processo, os princípios e as ferramentas de marketing empresarial que são normalmente associados a estratégias de enfoque comercial típicas do mundo corporativo podem ser readequados e aplicados às estratégias de marketing pessoal.

Os fundamentos do *branding*, por exemplo, podem ser aplicados na construção de uma marca pessoal que desperte percepções e sentimentos memoráveis na mente das pessoas com as quais nos relacionamos ou pretendemos nos relacionar.

A segmentação do mercado e a identificação de um público-alvo que desejamos influenciar são necessárias para o desenvolvimento de uma estratégia de marketing pessoal efetiva, ao mesmo tempo que evita a dispersão de nossos esforços. "Sair dando tiros para todos os lados", esperando que alguém demonstre interesse em nós, pode ser uma prática primitiva e ineficiente. A análise SWOT é uma das ferramentas de que dispomos para nos auxiliar na identificação do segmento com o qual poderemos interagir melhor de acordo com nossas aspirações e competências.

Decidir como a nossa marca pessoal será posicionada significa criar o nosso rótulo que vai ficar na mente das pessoas que fazem parte do nosso público-alvo. Para isso, precisamos ter uma marca forte que nos diferencie dos demais e que assegure ao potencial empregador que nós somos a melhor escolha.

Outra estratégia do marketing empresarial que pode ser utilizada no aprimoramento de nossas carreiras é a técnica do *benchmarking*, que é a prática de ser humilde o suficiente para admitir que alguém é melhor do que nós em algo e ser sensato o suficiente para aprender como alcançá-lo e superá-lo. A principal vantagem dessa técnica é a possibilidade de descartarmos imediatamente ações que, pela experiência de terceiros, comprovadamente não deram certo e nos concentrarmos naquelas que resultaram em êxito.

Concluímos que, quando construímos uma marca pessoal forte, criamos ao nosso redor uma aura de confiança que atrai as pessoas, inspira credibilidade e aumenta nosso reconhecimento nos ambientes em que interagimos.

Para saber mais

Se você deseja se aprofundar na leitura a respeito do conteúdo abordado neste capítulo, consulte as obras indicadas a seguir:

BENDER, A. *Branding pessoal*: construindo sua marca pessoal. São Paulo: Integrare, 2009.

LINKEMER, B. *Cuide bem de sua imagem profissional*: que imagem outros têm de você, quem você realmente é, como transmitir sua verdadeira imagem. São Paulo: Nobel, 1991.

PERSONA, M. *Marketing pessoal*. Disponível em: <http://www.mariopersona.com.br/entrevista_marketing_pessoal_revista-abrac.html>. Acesso em: 1º abr. 2011.

SORIO, W. *O que é benchmarking?* Disponível em: <http://www.rh.com.br/Portal/Mudanca/Artigo/3878/o-que-e-benchmarking.html>. Acesso em: 1º abr. 2011.

Os filmes relacionados a seguir são recomendados para que parte dos conceitos de marketing pessoal abordados neste capítulo possa ser observada na prática:

À PROCURA da felicidade. Direção: Gabriele Muccino. EUA: Sony Pictures Entertainment/Columbia Pictures, 2006. 117 min.

DESAFIANDO os limites. Direção: Roger Donaldson. Nova Zelândia / EUA: Focus Filmes, 2005. 217 min.

MENINA de ouro. Direção: Clint Eastwood. EUA: Warner Bros./Europa Filmes, 2004. 137 min.

UMA LINDA mulher. Direção: Garry Marshall. EUA: Buena Vista Pictures, 1990. 119 min.

Questões para revisão

1. Para construirmos uma marca pessoal de sucesso, devemos analisar e, eventualmente, aperfeiçoar uma série de fatores. Alguns deles estão relacionados a seguir. Em relação a esses fatores, marque (F) para as afirmações falsas ou (V) para as verdadeiras e, em seguida, assinale a alternativa que corresponde à sequência correta:

    ( ) A maneira como andamos, falamos e nos vestimos.
    ( ) A imagem que está associada à marca que possuímos.

( ) Pontos fortes devem ser evidenciados.
( ) Pontos fracos devem ser aperfeiçoados.
( ) A formação acadêmica e profissional.
a. V,V,V,V, F.
b. F, F,V,V, F.
c. F,V,V,V,V.
d. V,V,V,V,V.

2. A escolha do público-alvo é uma das mais importantes etapas do projeto de marketing pessoal. Assinale a alternativa correta que menciona o objetivo principal de buscar o público-alvo no contexto do marketing pessoal:
   a. Identificarmos um grupo de empresas onde poderemos contar com a ajuda de amigos e de conhecidos para sermos efetivados.
   b. Identificarmos um grupo de empresas cuja remuneração salarial está acima da média de mercado.
   c. Identificarmos um grupo de empresas onde nossos pontos fortes encontrarão maiores possibilidades de aceitação.
   d. Identificarmos um grupo de empresas onde o ambiente profissional é descontraído e há pouca pressão por resultados.

3. Oportunidades estão em toda a parte. Tem a vantagem aquele que consegue identificá-las e aproveitá-las. Assim sendo, assinale a alternativa que explica o que é mapear o mercado tomando por base informações sólidas e boas referências:
   a. Fazer a segmentação do mercado.
   b. Definir o público-alvo.

c. Definir seu posicionamento.

d. Fazer o diagnóstico ambiental.

4. Por que devemos desenvolver um plano de marketing pessoal?

5. O composto de marketing pessoal é igualmente formado pelas variáveis *produto-preço-praça-promoção*. No entanto, a constituição de cada um deles não é a mesma daquela encontrada no marketing empresarial. Descreva o que cada "P" representa a partir da perspectiva do marketing pessoal.

capítulo 2
avaliando e definindo a sua marca pessoal

Conteúdos do capítulo

- Gerenciamento da própria carreira;
- Avaliação da marca pessoal;
- Etapas dos processos de autoanálise e autoconhecimento:
  - » Visão, valores e missão.
  - » Objetivos e metas.
  - » Diagnóstico pessoal.
  - » Diagnóstico ambiental.
  - » Planejamento e estratégia.
- Desenvolvimento de um projeto de vida integrado.

Após o estudo deste capítulo, você será capaz de:

1. compreender a importância de gerenciar a própria carreira;
2. construir uma marca pessoal autêntica;
3. desenvolver o processo de autoanálise e autoconhecimento;
4. desenvolver um projeto de vida pessoal e profissional;
5. elaborar uma planilha de gerenciamento do projeto de vida integrado.

Os princípios de marketing, em sua essência, são capazes de construir grandes marcas de sucesso no mercado, ligadas tanto a empresas quanto a indivíduos. Em ambos os casos, se o objetivo é perdurar e crescer no mercado, é inconcebível trabalhar uma embalagem desprovida de conteúdo. Dito em outras palavras, a imagem que a embalagem desperta deve corresponder ao produto que ela envolve – boas marcas não decepcionam o cliente. De fato, qualquer relação duradoura – pessoal ou profissional – fundamenta-se na confiança estabelecida entre as partes. Assim como você não trabalharia para uma empresa na qual não confia, uma organização também não o contrataria se houvesse dúvidas quanto a sua honestidade e seu caráter.

Há pessoas que só se dedicam à formação incessante de um conteúdo sólido, porém não são eficazes em projetar uma imagem que reflita suas competências. No outro extremo, temos aquelas que capricham no impacto externo, mas o seu conteúdo deixa a desejar. Nas duas situações, o sucesso está longe de acontecer. Por que isso ocorre?

No primeiro caso, porque a carreira não está sendo planejada. Ao responder às perguntas "O que fazer?", "Quando fazer?", "Como fazer?" e "Para quem fazer?", não encontramos um objetivo comum. Isso significa que muito esforço é desprendido para alcançar pequenos avanços, apenas por absoluta falta de foco nas ações, o que se consegue somente com planejamento.

Na segunda situação, temos o lema de que "aparência é tudo". Entretanto, o mundo corporativo não é um concurso de beleza ou um desfile de modas. Sem diminuir a importância da imagem – porque ela tem importância sim!, conforme veremos nos capítulos seguintes –, ninguém consegue uma promoção apenas por ser o mais bonito ou o mais elegante do setor.

De fato, as duas situações anteriores ilustram que não basta sentar e esperar reconhecimento profissional para ser promovido por um trabalho benfeito. Além das mudanças organizacionais decorrentes da globalização de mercados e do aumento da competitividade no âmbito profissional, percebemos que algo mais precisa ser feito, e isso tem a ver com a visibilidade pessoal que imprimimos em nossas carreiras. É aqui que entra o marketing pessoal, para orientar o planejamento adequado de sua carreira, aliando de maneira equilibrada o desenvolvimento de conteúdo à estratégia de promoção da embalagem, para que sua marca pessoal corresponda às aspirações pessoais ao mesmo tempo em que atenda às demandas do mercado.

Uma vez que, ao longo dos anos, a responsabilidade pelo gerenciamento da carreira foi transferida da empresa para o próprio empregado, vamos discutir como sua marca pessoal pode ser avaliada, pois, querendo ou não, você já possui uma imagem definida no mercado.

> Será que ela transmite corretamente quem você é e o que você pretende?

De forma geral, é desejável que uma marca seja autêntica, consistente, conhecida e que convença o público-alvo (Corkindale, 2008). Então, o que é preciso fazer para que isso aconteça? Vejamos algumas ideias para sua reflexão:

» **Seja autêntico**
   A única maneira de promover uma marca pessoal autêntica é com honestidade sobre seus atributos, suas qualidades e suas competências. Seja honesto sobre quem você é.

» **Seja consistente**
   Tudo o que você faz, ou decide não fazer, emite mensagens a respeito da sua marca pessoal, desde a forma de falar ao telefone até como você escreve seus *e-mails*. Não desperdice esforços confundindo seu público com mensagens instáveis. Seja consistente naquilo que deseja transmitir.

» **Equilibre estilo e conteúdo**
   A maneira como (estilo) você faz as coisas é tão importante quanto o que (conteúdo) você faz. Aqui, novamente,

é necessário haver coerência e correspondência entre o "como" e o "o que".

» **Procure** *feedback*

Um fator crítico é o valor que a sua marca possui no mercado. Seja por métodos formais, seja por métodos informais, peça regularmente às pessoas do seu convívio pessoal e profissional que avaliem de maneira honesta e construtiva seu desempenho. Outra maneira de testar o valor da sua marca é participar de entrevistas de seleção, mesmo que não seja do seu interesse mudar de colocação no momento.

» **Reavalie**

Verifique constantemente onde se concentram suas motivações profissionais. Escreva sua definição pessoal de sucesso e analise por que você trabalha onde você está. Você vai verificar que os interesses se transformam conforme você adquire experiência e conhecimentos, o que requer um redirecionamento das ações do seu planejamento de marketing pessoal.

Sem uma autoanálise e um estudo minucioso de si mesmo não há como elaborar um plano de carreira que sintonize suas aspirações pessoais com os cursos de ação necessários.

> O autoconhecimento é pedra prioritária, fundamental e estratégica no planejamento de carreira. A maioria daqueles que empreendem carreira malsucedida, o fazem porque não atentam para a verdade socrática – "homem, conhece-te a ti mesmo". (Macêdo, 2004)

Na opinião do *headhunter* Luiz Carlos Cabrera (2008), "o exercício do autoconhecimento não é aquele feito em frente ao espelho diariamente pelas mulheres na hora da maquiagem, ou pelos homens quando fazem a barba. É um exercício periódico e detalhado" que consiste na identificação de um conjunto de características sobre nós próprios. O fato de estarmos cientes de nossos limites e potencialidades nos dá maior confiança para determinarmos até onde podemos chegar com as forças que temos e quais limites precisam ser superados. Dessa forma, estaremos criando as condições necessárias para extrairmos o máximo de benefícios de cada situação perante as nossas aptidões (Ferrari, 2006, p. 46).

As principais etapas do processo de autoanálise e autoconhecimento são comentadas a seguir.

Visão, valores e missão

A **visão** de uma empresa é a percepção do próprio futuro. Por exemplo, "abrir duas novas filiais nos próximos cinco anos". Ou seja, a visão define aonde a empresa quer chegar. Uma visão pessoal também deve ser simples e muito objetiva. Nesse caso, podemos citar algo como "ser promovido ao posto de gerente de produção da empresa até o fim do ano".

A técnica é bastante elementar: utilizamos a construção de uma frase clara, resumindo o que esperamos do futuro. Talvez, por ser algo tão simples, muitas pessoas têm dificuldade em definir suas visões. A imaginação deve estar livre no momento de visualizar o futuro. É necessário pensar como uma criança; para elas não há limites, tudo é possível (McNally; Speak, 2001).

Nessa ocasião, não devemos nos importar com os meios ou com nossas capacidades e competências. O importante é definir bem aonde queremos chegar daqui a alguns anos, estabelecendo um prazo para esse futuro acontecer, seja um ano, dois ou mais, ou o tempo que julgarmos necessário para conquistar nosso sonho de vida. Esse é o primeiro passo para conquistá-lo.

E o que são **valores**? Para as empresas, eles representam as atitudes esperadas de seus colaboradores, como o respeito, a transparência, a honestidade e a ética, em qualquer que seja a circunstância. Por exemplo, o funcionário que trabalha em uma empresa que apregoa a honestidade não deve levar para casa coisas que pertencem à empresa, mesmo que seja um simples grampo de papel.

O mesmo vale para os indivíduos – ou seja, nada de hipocrisia. O que temos definido como valores pessoais faz parte da nossa vida, todos os dias, em qualquer situação. Se isso não ocorrer, é porque não são valores de fato. Certamente, cada pessoa possui seu conjunto de valores pessoais que são adquiridos desde a infância – por meio dos pais e familiares –, na adolescência – pelos amigos e professores –, e continuam sendo aprendidos no decorrer das suas vidas. Além disso, a sociedade, por meio de suas instituições (igrejas, clubes, escolas, governo, entre outras), compartilha certos valores comuns, definindo o que é tido como certo ou errado. Todos esses princípios – como também podem ser chamados – norteiam a maneira de agir das pessoas, bem como suas intenções.

Contudo, como não é possível avaliarmos as verdadeiras intenções de uma pessoa, o que realmente importa para os outros são as atitudes. É por meio de suas ações que as pessoas passam a confiar em você. A confiança se estabelece a partir da credibilidade que transmitimos para os outros, isto é, se cumprimos tudo aquilo que prometemos.

> E a sua **missão** de vida, qual é? Como responder a essa pergunta a não ser olhando profunda e honestamente dentro do seu coração, de maneira a permitir que a verdade se declare por si própria? (Roffer, 2002).

Somente você pode decidir o que é mais importante em sua vida. Pergunte-se quais são seus desejos e necessidades e como eles podem ser atingidos (Ferrari, 2006). Encontrar um propósito na vida gera muita reflexão. As pessoas se perguntam: "Qual é a minha missão neste mundo?". E a resposta nem sempre é imediata.

Na verdade, a missão deve ser encarada como um compromisso, como algo que dá sentido a nossas vidas e se torna um ponto para o qual todas as nossas ações convergem. Um exemplo simples seria uma pessoa que considera como sua missão de vida cuidar de seus filhos enquanto pequenos e que não aceitaria uma oportunidade de trabalho em outra cidade, a não ser que pudesse levá-los consigo. Em outras palavras, missão de vida é algo que não pode ser substituído por dinheiro.

Visão, valores pessoais e missão são etapas fundamentais para o início da caminhada de autodescoberta que delineará o planejamento da carreira pessoal e profissional, por meio da identificação de aspectos que precisam ser alterados ou aprimorados. Porém, conforme Macêdo (2004), nosso trabalho vai além e precisa contemplar questões que permitam uma definição mais abrangente do panorama, tais como: objetivos e metas, meios, prazos, potencialidades e adversidades.

Objetivos e metas

> "Alcançá-los é concretizar os próprios sonhos. Em síntese, objetivos claramente definidos são sonhos com datas fixas e predeterminadas" (Macêdo, 2004).

Já diz a cultura popular que, para quem não sabe aonde está indo, qualquer caminho serve. Para o profissional, não ter um objetivo definido significa desperdiçar oportunidades, energia, tempo e recursos. Significa também minar sua autoestima e aumentar suas frustrações e desilusões. Ter objetivos dá sentido a cada dia que você vive.

Apesar de o dicionário conferir aos termos *objetivo* e *meta status* de sinônimos, basicamente a diferença entre um e outro está na amplitude de cada um. Isto é, os objetivos são mais abrangentes, são o foco principal. As metas são as diversas etapas a serem percorridas para cumprir os objetivos.

A falta de definição explícita de objetivos e metas dificulta o estabelecimento da ação. Sem eles, não podemos agir especificamente para alcançar bons resultados. Porém, ao contrário, quando estamos definidos, sentimo-nos mais motivados para transformar o sonho em realidade, pois nossa ação é dirigida e concentrada. Por isso, quanto mais cedo forem estabelecidos os objetivos, melhores serão os resultados a longo prazo (Davidson, 2000).

Quais vantagens podemos citar? Para começar, ao tomarmos atitudes que realmente trazem resultados, temos claro o horizonte aonde queremos chegar. Ter um foco bem específico também pode ajudar na recusa, por exemplo, de uma oferta tentadora de trabalho que nos desviaria do objetivo principal, atrasando a execução dos planos definidos ou levando a carreira para outra direção que não era a desejada. Mas, principalmente, podemos avaliar os resultados de nossas ações a partir dos objetivos alcançados. Se não temos objetivos e metas estabelecidos, como poderemos mensurar se nossos esforços e dedicação estão sendo producentes?

Para estabelecer objetivos e metas, devemos considerar a visão, os desejos ou as aspirações, por mais disparatados que possam parecer no momento. O que irá dizer se são ou não condizentes com a realidade será o diagnóstico pessoal e ambiental, que será realizado posteriormente. Nesse momento, o importante é não estar limitado às possibilidades e visualizar algo que, a princípio, pareça não estar ao seu alcance, mas que, com uma dose de esforço adicional, pode – por que não? – ser conseguido. Objetivos menores certamente são mais fáceis de serem cumpridos, mas será que realmente satisfariam seus anseios pessoais e profissionais? Qual o prazer residual de triunfar sobre um pequeno objetivo que não se configurou como um desafio diante do seu potencial pessoal e profissional?

É imprescindível estabelecer prazos para o cumprimento de objetivos e metas. Trabalhar com prazos realistas é importante para não gerar frustrações desnecessárias que levam à desmotivação e também para garantir que em cada etapa seja alocado um período de tempo coerente para executá-la. Para tanto, não deixe de considerar a disponibilidade de recursos, como: tempo para concluir um curso; fluxo de caixa para arcar com esse investimento adicional; ou comprometimento de terceiros com os quais você conta para apoiá-lo em algum projeto.

Os objetivos não precisam necessariamente ser complexos demais. O importante é que sejam realizáveis, como "ser promovido a supervisor de Recursos Humanos até o fim deste ano", ou "ser reconhecido como o melhor vendedor da empresa este mês". São objetivos que requerem certo esforço para serem alcançados, mas que vêm ao encontro da sua visão de futuro.

Como nós e o mundo em que vivemos somos mutáveis e dinâmicos, periodicamente nossos objetivos e metas devem ser revisados, pois influências externas podem interferir no que estava previamente estabelecido. Imagine que você tem por objetivo trabalhar em uma empresa multinacional no exterior. Você aprende o idioma, os costumes, enfim, prepara-se para morar fora. Entretanto, a empresa anuncia a abertura de uma filial no Brasil. Uma notícia como essa pode mudar sua perspectiva profissional e, consequentemente, alterar seus planos de mudar de país.

Enquanto a visão é a idealização de um futuro que norteia nossas ações presentes, funcionando como uma fonte de inspiração e motivação para tornarmos o sonho em realidade, os diversos objetivos são o lado concreto dessa visão. "O tempo passa rápido, e a oportunidade perdida jamais será recuperada. Com isso, está na hora de se conscientizar de sua importância de colocar o pé na estrada com um mapa na mão e um sonho no coração"

(Macêdo, 2004). Portanto, nossos objetivos dão o destino aos sonhos que acalentamos.

Diagnóstico pessoal: limites e potencialidades

A definição de objetivos e metas tem o propósito de gerar ações planejadas. Essas ações devem estar em consonância com nosso perfil, ou seja, de acordo com nossos limites e potencialidades pessoais. Conhecê-los bem trará benefícios na hora de decidir quais caminhos tomar para ser bem-sucedido.

Os limites marcam até onde você pode chegar, marcam onde está a linha que, por qualquer motivo, impede que você a ultrapasse e vá além. Pergunte-se onde estão seus desafios atuais. Por exemplo, surge uma ótima oportunidade numa empresa multinacional; você gosta da proposta, mas suas qualificações não preenchem todas as exigências da vaga, pois não domina uma língua estrangeira. Esse é o seu limite, a barreira que impede a ultrapassagem imediata.

As potencialidades, ao contrário, são os meios que tornam possível aproveitar uma oportunidade de realização. Para ilustrar a situação, imagine que você sabe que pode elaborar um bom projeto dentro da empresa, mas não está no cargo ou no setor correspondente. Um dia a empresa abre um concurso para todos os colaboradores, com o intuito de obter ideias e sugestões para melhorar processos internos. Com base em suas experiências e competências, você analisa diversas hipóteses e aproveita essa oportunidade para demonstrar seu potencial.

> Descobrir quais são os próprios limites e potencialidades é, contudo, uma tarefa muito difícil. Normalmente, tendemos a projetar uma "imagem ideal", e não aquela que corresponde à realidade.

Prova disso é a dificuldade que temos em responder às perguntas: "Qual sua maior qualidade?", "Qual seu maior defeito?". Os obstáculos que nos impedem de sermos totalmente sinceros ou de encontrar as verdadeiras respostas podem nos conduzir a um possível fracasso. Muitas vezes, o insucesso ocorre quando tentamos dar um passo maior do que a perna. Por exemplo, aceitar um emprego que exige competências e capacidades que não condizem com as nossas. O nosso desempenho não sustentará a deficiência por muito tempo.

O diagnóstico pessoal, na verdade, nada mais é do que uma autoavaliação. Dedique o tempo que for necessário para identificar no que você se destaca dos demais, qual o seu diferencial no mercado. Coloque-se no lugar da empresa e analise por que você se contrataria ou não. Ao conhecermos nossas vantagens e desvantagens, facilitamos o processo de escolha de um trabalho que melhor se ajuste ao nosso perfil; ou de reinvenção do próprio trabalho atual, de modo a utilizarmos primordialmente nossas forças pessoais (Costa, 2004). Em síntese, os pontos fortes são qualidades, competências e recursos que tornam o profissional habilitado e em posição de vantagem para realizar seus objetivos e crescer na carreira.

Qual tipo de critério podemos adotar para orientar a avaliação de nossos pontos fortes e fracos? Podemos citar três referenciais que prestam grande auxílio na determinação de uma estratégia de ação para nossa carreira (Rosa, 2008). Veja a seguir.

1. Objetivos e metas

Nossas potencialidades e limitações variam em função do que pretendemos atingir. Se o seu objetivo é chegar a um posto de diretoria da empresa, a formação e as qualificações requeridas serão bem diferentes daquelas para ser o chefe do departamento.

2. A natureza da tarefa

Algumas tarefas exigem características específicas. Por exemplo, para ser um jogador de basquete, ser alto conta muito. Em outras circunstâncias, mesmo que seja injusto, a aparência física é fundamental.

3. A concorrência

É necessário definirmos com quem somos comparados. Essa base de comparação nos permite dar o devido peso a nossas potencialidades e limitações.

O diagnóstico pessoal tem, em última análise, a função de apontar o que você está apto a fazer imediatamente e o que necessita de maior treinamento e empenho da sua parte consoante sua visão, seus objetivos e suas qualificações perante características do mercado de trabalho que é alvo de seus interesses.

Diagnóstico ambiental: obstáculos e oportunidades

Diagnosticar o ambiente significa mapear o que está acontecendo no mercado. As empresas utilizam como base os cenários, que consistem em projeções estatísticas de variáveis ligadas ao seu negócio para demonstrar como possivelmente será o mercado no futuro, para então elaborar um plano empresarial.

O profissional também consegue construir um cenário para saber o que o futuro pode oferecer. É como fazer uma antecipação com base em informações sólidas e boas referências. No entanto, cenários não são previsões mágicas sobre o futuro, mas, sim, um modo de visualizar possíveis mudanças no mercado de trabalho como um todo, com o propósito de estarmos preparados para tirar o melhor proveito das oportunidades e superarmos os eventuais obstáculos.

A concorrência também deve ser analisada para identificarmos as ameaças vindas de quem está na disputa. O concorrente não deve ser subestimado, mas deve servir de parâmetro em nossa análise para estarmos devidamente preparados para enfrentar o que virá pela frente. A realização de um sonho não é obra do acaso, pois requer estudo, esforço e determinação.

Conhecer a firma em que atuamos ou pretendemos atuar faz parte dessa mesma análise que antecede a elaboração do plano de marketing pessoal. Sobre o que precisamos nos informar? Devemos estar familiarizados com o perfil da empresa a fim de confrontá-lo com o nosso diagnóstico pessoal para formarmos uma clara dimensão de onde residem nossos desafios e possibilidades concretas.

Essa pesquisa se assemelha ao trabalho de um detetive em busca de evidências. Comece pelo próprio *site* da empresa, no qual é possível resgatar sua missão, visão e valores, além de inúmeras outras informações, como a política empresarial. Se você trabalha na empresa, normalmente essas informações estão compiladas em algum tipo de manual disponibilizado para os funcionários da casa, ou afixadas em murais e painéis informativos.

A leitura é cansativa, mas pode ser recompensadora, uma vez que permite descobrirmos como funciona de fato a empresa, qual sua política de cargos e salários, quais os incentivos disponíveis, quais são os critérios para contratação de cargos de chefia ou como são estruturados os planos de carreira. Implícitos nas entrelinhas encontram-se os obstáculos ou as oportunidades com os quais vamos nos deparar e conseguir emitir uma visão crítica sobre se estamos seguindo o caminho correto para nossa ascensão profissional. Nos pequenos detalhes estão escondidos grandes tesouros. "Leia as paredes!" (Davidson, 2000, p. 71). Por exemplo: se há espaço para sugestão de funcionários, certamente isso indica que a empresa respeita a opinião dos seus colaboradores. Juntar as peças de um quebra-cabeça é uma questão de análise, bom senso e interpretação.

> Será que a pedra no caminho pode ser um degrau para o sucesso que almejo? Será que é nessa empresa que vou conseguir realizar meus sonhos?

Outro aspecto que diferencia bastante uma empresa da outra é a cultura organizacional, e essa é uma informação que não se encontra por escrito. A cultura organizacional está implícita no relacionamento entre os funcionários, entre subordinado e superior, nas reuniões, no desenvolvimento de projetos em equipe, nas relações com os clientes, nas festas de confraternização, no horário de almoço (mesmo que seja fora da empresa, num restaurante, por exemplo). Somente com a convivência no ambiente profissional é que podemos descobri-la.

Às vezes, acreditamos que a solução dos problemas profissionais está na mudança de emprego, mas nem sempre isso é verdade. O resultado do diagnóstico ambiental faz conhecer as características da empresa e o que ela valoriza e, de posse desse conhecimento, uma pequena mudança numa simples atitude pode ser o suficiente para sermos notados. Assim como você, cada empresa tem um perfil próprio, e espera-se que este seja adotado por seus funcionários. Algumas, por exemplo, preferem profissionais mais conservadores em virtude do próprio segmento em que atuam, enquanto outras buscam aqueles mais descontraídos. Se esse for o caso, é um pequeno investimento a ser feito para readequarmos nosso estilo àquele esperado pela empresa.

Se somos realmente "detetives" nessa tarefa de mapear o mercado, nada pode escapar à nossa observação. A própria decoração do ambiente empresarial revela aspectos importantes a respeito do estilo e da imagem que a empresa deseja transmitir. Até os jornais e as revistas na mesa da sala de recepção indicam características e fontes em que podemos buscar mais informações a respeito da empresa.

> Qual informação que a qualidade dos produtos ou dos serviços que a empresa comercializa nos oferece?

Empresas podem proporcionar bons salários e um ótimo conjunto de benefícios; porém, se o índice de reclamações e problemas com clientes e fornecedores for elevado, no longo prazo o desgaste emocional pode não sustentar um bom funcionário na empresa. Da mesma forma, empresas reconhecidas e bem posicionadas no mercado terão dificuldade em manter seu quadro caso não ofereçam boas condições para seus próprios colaboradores.

Nessas situações citadas, valores e missão da empresa estão envolvidos psicologicamente com valores e missão individuais de cada profissional. Um exemplo pode ser o funcionário que pratica ações ilícitas a pedido da empresa – como adulteração do produto ou do serviço – e não consegue lidar satisfatoriamente com essa situação por uma questão de princípios pessoais. Levantar cedo e passar a maior parte do nosso dia útil no ambiente de trabalho deve sim nos proporcionar prazer, pois a satisfação pessoal e profissional é imprescindível na vida das pessoas.

Mas nem tudo está perdido numa situação adversa. Muitas ameaças ou crises que surgem no ambiente de trabalho podem se transformar em oportunidades ou até mesmo em aprendizado profissional (Davidson, 2000). Há casos em que a própria direção desconhece a prática de irregularidades dentro da empresa, e essa pode ser uma circunstância conveniente para trazermos uma solução.

Oportunidades estão em toda a parte. Tem a vantagem aquele que consegue identificá-las e aproveitá-las em prol de sua carreira.

Mas, se você também enxerga os obstáculos e, mesmo assim, tenta fazer a diferença, você não é apenas mais um – certamente será lembrado em todos os lugares por onde passar.

Planejamento e estratégia

Quando realizamos o diagnóstico pessoal e o ambiental, estamos fazendo o que é chamado, no mundo empresarial, de *análise SWOT* (já comentada no capítulo anterior). Os resultados dessa análise, aliados a nossa visão, nossos valores, nossa missão e nossos objetivos, formam o alicerce do nosso planejamento de marketing pessoal. Uma das funções do planejamento é definirmos as estratégias de ação, para aumentarmos a eficiência dos esforços e concentrarmos tempo, recursos e energia em uma única direção desejada (Davidson, 2000). Estratégias são mecanismos utilizados para alcançarmos os objetivos.

Estabelecer uma estratégia não significa engessar nosso futuro naquele caminho. Nosso planejamento precisa ser revisado periodicamente, comparando resultados com objetivos. Deve ainda ser suficientemente flexível para incorporar as mudanças no mercado que ocorrem naturalmente com o passar do tempo, ou então as conquistas que realizamos – ambas com poder de alterar os objetivos e as estratégias correspondentes e, consequentemente, os rumos de nossas carreiras. A esse processo de planejamento, coordenação, execução e controle chamamos de gerenciamento da própria carreira, exatamente como uma empresa faz com seus processos.

O presidente da Amil, Edson Bueno, aprendeu a organizar o próprio tempo e conseguiu elaborar seu projeto de vida pessoal e profissional seguindo o modelo descrito no quadro a seguir. Conforme Bueno, citado por Ricci (2008), as pessoas são mais felizes e têm mais energia quando buscam realizar um sonho.

Quadro 3.1 – Modelo de projeto de vida pessoal e profissional

Meu projeto de vida

No trabalho

O que eu quero: (defina sua missão)

Objetivo: (defina o motivo pelo qual você quer alcançar esse objetivo)

Como conquistar:

(defina como sua missão poderá ser atingida)

Com meu chefe	Com minha equipe	Com outras pessoas que podem influenciar minha carreira
(cada campo deverá conter tantos projetos específicos para seu chefe quantos você julgar necessários)	(cada campo deverá conter tantos projetos específicos para sua equipe quantos você julgar necessários)	(cada campo deverá conter tantos projetos específicos para outras pessoas quantos você julgar necessários)

Na vida pessoal

O que quero: (defina qual é sua missão de vida)

Objetivo: (defina o motivo pelo qual você quer alcançar esse objetivo)

Como conquistar:

(defina como sua missão poderá ser atingida)

Família	Autodesenvolvimento	Projetos pessoais
(cada campo deverá conter tantos projetos específicos para a família quantos você julgar necessários)	(cada campo deverá conter tantos projetos específicos para o autodesenvolvimento quantos você julgar necessários)	(cada campo deverá conter tantos projetos específicos para projetos pessoais quantos você julgar necessários)

Fonte: Adaptado de Bueno, citado por Ricci, 2008.

Nota: Se for necessário, acrescente novas colunas e linhas.

Com um plano bem elaborado, o passo seguinte é dedicar-se plenamente a sua execução. O tempo é fundamental para isso. Saber administrá-lo faz parte do processo de conquista do objetivo principal, conforme nos diz a experiência de Bueno (citado por Ricci, 2008). Distribuir as tarefas diárias, de modo a atender tanto a nossas necessidades profissionais quanto às de família e lazer, significa fazer do tempo o nosso aliado, e não nosso inimigo.

Nossa satisfação também advém da qualidade que imprimimos em nossas vidas e em nossos relacionamentos. Trabalhar 24 horas por dia seguramente não trará bons resultados, pois estaremos negligenciando outras necessidades fundamentais ao ser humano. A regra principal aqui é se organizar!

A pirâmide de Maslow ilustra as diversas necessidades humanas numa hierarquia de importância, sendo que na base estão as necessidades mais básicas (necessidades do corpo) e, no topo, as necessidades mais complexas (necessidades de autorrealização). Abraham Maslow, psicólogo norte-americano, apresentou seu estudo, conhecido como *teoria da motivação*, em 1943. Posteriormente, sua pirâmide e seus conceitos foram ampliados e incorporados ao marketing para analisar as motivações da satisfação das necessidades humanas, ou seja, o comportamento humano pode ser explicado a partir das motivações em atender a suas necessidades – conforme são satisfeitas as necessidades básicas, os seres humanos desenvolvem necessidades mais elevadas.

Figura 2.1 – Pirâmide de Maslow

Hierarquia das necessidades

- Autorrealização → Desenvolvimento pessoal e conquistas
- De *status* → Autoestima, reconhecimento e *status*
- Sociais → Relacionamentos, amor, pertencer a grupos
- De segurança → Defesa, proteção, emprego, abrigo
- Do corpo → Fome, sede, sono

Fonte: Adaptado de Faria, 2004.

Sucesso é um conceito relativo, pois cada um tem sua própria definição sobre o que é triunfar na vida pessoal e profissional. Isso ocorre exatamente porque há uma hierarquia de necessidades a serem satisfeitas; é mais importante planejar um projeto de vida amplo e abrangente do que apenas pensar em gerenciar a carreira. A melhor maneira de encontrarmos a realização ainda é no equilíbrio entre a vida pessoal e o trabalho. Sob essa ótica, os aspectos pessoais e profissionais não são coisas diferentes.

Uma das maiores autoridades da área, Paul Campbell Dinsmore (2002), aconselha: "pense em sua vida como um projeto integrado, que envolve trabalho e família, suas atividades e vontades, o que você já fez e o que ainda deseja realizar".

Para planejar um projeto de vida, Dinsmore recomenda dividir a vida em, pelo menos, quatro pilares: físico, mental, espiritual e social (profissão, família e amizades).

Figura 2.2 – Projeto de vida integrado

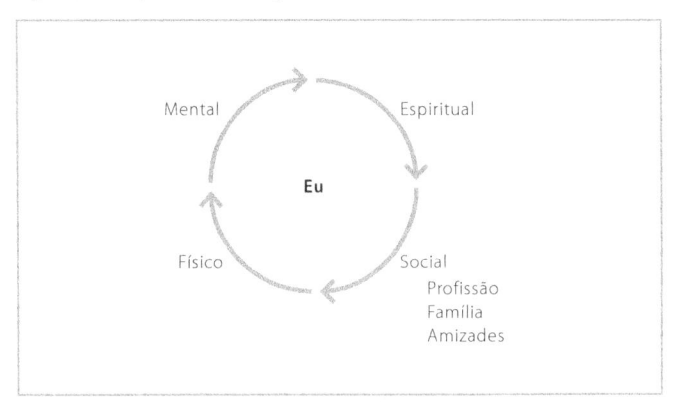

```
        Mental          Espiritual

                  Eu

        Físico          Social
                        Profissão
                        Família
                        Amizades
```

Fonte: Adaptado de Dinsmore, 2002.

Para que nossas vontades e necessidades possam ser integradas, precisamos estar bem em todas essas áreas. A partir daí, podemos gerenciar nosso projeto de vida em oito passos. Veja a seguir.

1. **Descubra quem você é**

    O projeto de vida é seu; portanto, saber quem você é torna-se fundamental. Não é fácil, mas algumas perguntas podem ajudar nessa tarefa: Quais são meus valores básicos? Quais são meus pontos fortes? No que preciso melhorar? Quais as oportunidades que poderei aproveitar? O que ameaça meus planos?

2. **Coloque sua missão no papel**

Sem conhecer o propósito da sua vida, não há projeto. Escreva sua missão num papel, para que você possa refletir de maneira clara, otimista e motivadora a respeito dos sonhos que você visualiza. Sua missão pessoal deve ser uma inspiração. Atenção: o propósito de vida não é um objetivo como "comprar meu computador", mas, sim, aquilo que você espera da vida.

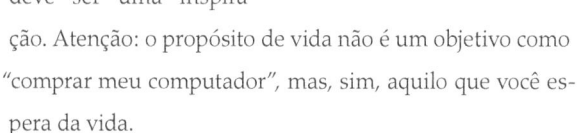

3. **Faça parcerias**

Não é possível cumprir sozinho sua missão pessoal. Você precisa de pessoas que lhe deem apoio e aconselhamento. Pais, amigos, chefes, colegas de trabalho, amigos de infância, professores, todos eles participam com ações concretas na realização do seu projeto de vida.

Faça uma lista relacionando nomes, ações e prazos para executá-las (se necessário, consulte o Quadro 2.1, visto anteriormente, que prevê a colaboração de terceiros em seu projeto de vida).

4. **Crie uma visão para a sua vida**

Sua visão de futuro define o que você pretende atingir num determinado período de tempo; entretanto, não se trata de uma posição definitiva. As circunstâncias mudam, o que torna necessária uma revisão periódica.

Escreva uma frase, quantificando e especificando o que você pretende em quatro diferentes abordagens temporais: visão imediata, fazendo projeções até um ano; visão de curto prazo, até quatro anos; visão de médio prazo, até dez anos; e, por fim, visão de longo prazo, que vai até a sua aposentadoria e além dela. Abaixo de cada período, desmembre sua vida em grandes blocos e escreva o que precisa ser feito para atingir seus objetivos na família, em saúde e lazer, em educação e desenvolvimento profissional, em carreira e finanças pessoais. Por exemplo, numa perspectiva de curto prazo: aumentar minha rede de amigos de três para cinco pessoas, em quatro meses.

5. **Gerencie o tempo**

O tempo é um recurso escasso, e que não se expande, por isso é melhor aprender a gerenciá-lo. Basicamente, nosso tempo é consumido entre assuntos importantes, urgentes e aqueles que apenas consomem tempo, pois não são nem importantes nem urgentes. Importantes são os assuntos que influenciam diretamente os resultados que você pretende atingir. Urgentes são aqueles que não são necessariamente importantes, mas que devem ser resolvidos com rapidez. Quando um assunto é ao mesmo tempo urgente e importante, está caracterizada uma crise, que deve ser resolvida imediatamente. A solução para os assuntos que não são importantes nem urgentes – ou seja, as trivialidades – é delegar a tarefa a outros, reorganizar ou até deixar de fazer. Sempre que possível, planeje antes o seu tempo e depois o trabalho, dando prioridade para os assuntos importantes, conforme demonstrado no quadro a seguir.

Quadro 2.2 – Matriz do tempo

	Importante	Não importante
Urgente	Crises	Triviais
Não urgente	Planos	Desperdício
+ importante ←—————————→ – importante		

6. Administre suas finanças

Elaborar um orçamento faz parte da administração do seu projeto de vida. Determine que tipo de recursos serão necessários para cada conjunto de atividades de sua vida – recursos monetários, humanos, materiais ou intelectuais. Depois disso, estime os custos para cada grupo de atividade e faça um planejamento para administrar os gastos. Lembre-se de prever eventualidades em seu orçamento – normalmente estabelece-se um percentual contingencial de 10% a 20%. Finalmente, compare seus gastos com as previsões de seu orçamento. Se houver *deficit*, a receita adicional pode ser gerada investindo em um novo negócio ou num segundo emprego, por exemplo, ou então seus gastos precisarão ser revistos.

7. **Conte com os riscos**
Riscos existem e precisam ser gerenciados. Identifique os riscos que podem afetar você, tais como doenças, desemprego, separações e mudança de condições financeiras. Prevenir é melhor do que remediar.

8. **Junte todas as peças**
Todas as etapas são inter-relacionadas e precisam ser gerenciadas ao mesmo tempo. Um problema numa área é suficiente para influenciar outra. Junte todas as partes que você escreveu detalhadamente nos passos anteriores em um único documento, para ter uma visão geral sintetizada do projeto. Utilize agenda, computador e outras ferramentas para organizar ideias e ações. Um modelo para gerenciar o projeto resumido pode ser visto na tabela a seguir.

Tabela 2.1 – Planilha de gerenciamento do projeto de vida integrado

Áreas	Quem?			Onde?			Como?		
Prazos	Curto	Médio	Longo	Curto	Médio	Longo	Curto	Médio	Longo
Físico									
Mental (estudo, conhecimento)									
Espiritual									
Social									
Profissão									
Família									
Amizades									

Você deve ter notado que as orientações pedem que seus sonhos, sua visão, seus valores, seus objetivos e suas metas, enfim, seu projeto todo seja colocado no papel. Na verdade, só conseguimos passar para o papel o que está bem claro para nós, quando sabemos aonde queremos chegar e estabelecemos um compromisso com aquilo que desejamos. A maior parte das pessoas confirma possuir um plano de carreira. Entretanto, pesquisas indicam que a grande maioria dos executivos não tem esse plano por escrito, o que geralmente caracteriza um projeto difuso, sem etapas definidas e com grandes chances de não dar certo (Silveira, 2000).

Figura 2.3 – Dados de pesquisa sobre planejamento pessoal e profissional | 75

Você tem um objetivo de vida ou de carreira por escrito?

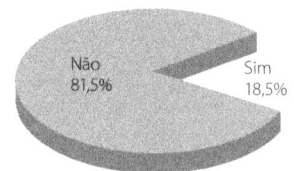

Não 81,5%
Sim 18,5%

Você tem um plano de autodesenvolvimento por escrito?

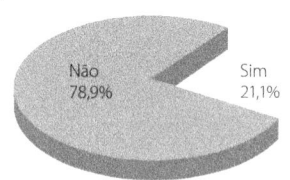

Não 78,9%
Sim 21,1%

Você tem um plano para adquirir novos conhecimentos por escrito?

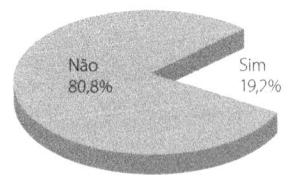

Não 80,8%
Sim 19,2%

Você tem um plano de finanças pessoais por escrito?

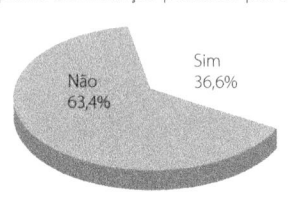

Não 63,4%
Sim 36,6%

Fonte: Silveira, 2000.

É indiscutível que nem sempre conseguimos colocar em prática nosso projeto por motivos que fogem ao nosso controle. No entanto, há algumas características comuns encontradas nos profissionais com autoconfiança e autoestima elevadas (Silveira, 2000):

> » Maturidade – O profissional maduro é aquele que usa o tempo a seu favor, de maneira disciplinada e equilibrada. Sabe o que deve ser feito (e o faz), pois sua vida profissional, afetiva e social está adequadamente planejada.
> » Motivação e autoconfiança – A determinação e uma postura positiva dão a esse profissional disposição física e mental para executar seu projeto de vida.
> » Adaptação às mudanças – As constantes mudanças observadas no mundo que nos cerca implicam a revisão de crenças, valores e metas, que só são possíveis de serem adaptadas se o profissional apresentar um elevado grau de flexibilidade.

De qualquer forma, cabe somente a você estabelecer o que é necessário e fundamental para que sua vida pessoal e profissional corresponda ao seu conceito individual de sucesso. Qualquer que seja sua ambição, não deixe de seguir o programa de gerenciamento do projeto que você definiu.

Você se preocupa com seu autodesenvolvimento?

O consultor americano Peter Senge criou a célebre expressão *learning organization*, que, numa tradução meio "capenga", significa "organização que aprende". As empresas estão se preocupando cada vez mais com essa questão. Mas o que você, individualmente, anda fazendo para aprender, para se desenvolver e, assim, para se manter competitivo? O teste a seguir ajuda você a avaliar melhor seu nível de interesse pelo autodesenvolvimento.

1. Você tem um plano de autodesenvolvimento?
   a. Sim, formal e por escrito.
   b. Sim, mas é apenas um esboço mental.
   c. Nunca pensou sobre esse assunto.
2. Seu plano de autodesenvolvimento foi elaborado:
   a. Por você mesmo(a), levando em consideração suas necessidades pessoais e profissionais.
   b. Pela empresa na qual trabalha, levando em consideração as necessidades estratégicas dela.
   c. Por você e pela empresa, levando em consideração suas necessidades profissionais e as necessidades estratégicas da organização.
   d. Aleatoriamente.
3. Seu plano de autodesenvolvimento prioriza:
   a. Leitura sobre gestão de negócios.
   b. Leitura sobre negócios e também áreas como filosofia, história, arte, música, antropologia e sociologia.
   c. Participação em seminários, palestras, discussões em grupo sobre assuntos diversos, viagens etc.
   d. Pesquisa sistemática e periódica na internet.
4. Você tem um mentor intelectual a quem recorrer e solicitar orientação sobre seu autodesenvolvimento?
   a. Sim
   b. Não, apesar de saber da importância de ter um mentor.
   c. Nunca pensou no assunto nem acha isso relevante.
5. Você tem o hábito de frequentar uma boa livraria:
   a. Uma vez a cada 15 dias.
   b. Uma vez por mês.
   c. Uma vez por semestre.
   d. Não tem esse hábito.

6. Você tem o hábito de ler um ou mais jornais diariamente? Qual o seu critério de leitura?
   a. Lê cadernos específicos, como finanças, economia, esportes, cultura etc.
   b. Folheia o jornal todo e lê aquilo que acha importante.
   c. Não tem o hábito de ler jornal diariamente.
7. Quantas revistas nacionais e/ou estrangeiras você lê por mês?
   a. Nenhuma.
   b. De uma a duas.
   c. De três a cinco.
   d. Mais de seis.
8. Quando você planeja uma viagem de férias, o que mais o(a) motiva?
   a. Conhecer lugares badalados e da moda.
   b. Curiosidade e aquisição de cultura geral.
   c. Aquisição de conhecimentos específicos aplicáveis a sua atividade profissional.
9. Quando você planeja participar de um seminário, palestra ou congresso:
   a. Procura saber de antemão tudo sobre o principal palestrante.
   b. Vai a uma livraria, compra o(s) livro(s) mais conhecido(s) do(s) palestrante(s) e o(s) lê antes de participar do evento.
   c. Vai apenas em razão do forte marketing relacionado ao evento e porque quer incluir essa participação em seu currículo.
   d. Vai porque a empresa está pagando.

10. Quanto tempo você reserva diariamente para estudar assuntos que considera vitais a seu crescimento pessoal e profissional?

    a. Não tem tempo nem disposição para isso.
    b. 15 minutos.
    c. 30 minutos.
    d. 1 hora ou mais.

Pontuação:

	1	2	3	4	5	6	7	8	9	10
a	10	7	4	10	10	6	0	3	5	0
b	3	3	10	2	8	10	2	7	10	2
c	0	10	4	0	4	0	5	10	0	5
d	-	0	2	-	0	-	10	-	0	10

Resultado:

» **Acima de 90 pontos**: Você é um profissional comprometido com seu autodesenvolvimento e gerencia seu capital intelectual de maneira correta. Suas chances de crescer profissionalmente são ilimitadas.

» **Entre 75 e 89 pontos**: Você é um profissional preocupado com seu autodesenvolvimento, mas delega aspectos importantes de seu capital intelectual à gestão de terceiros.

» **Entre 60 e 74**: O autodesenvolvimento é um assunto que ocupa seus pensamentos apenas em determinadas circunstâncias. Em geral, você não considera isso tão importante como deveria. Cuidado para não se tornar um profissional obsoleto.

» **Abaixo de 59 pontos**: Você demonstra não ter qualquer compromisso com seu autodesenvolvimento. Nesse caso, precisa agir rapidamente para não ficar à margem do mercado nem comprometer sua carreira. Mexa-se para compensar o tempo perdido.

Fonte: Macêdo, 2000.

Finalmente, "não se esqueça de que nenhum projeto de vida vale a pena se não tiver qualidade. Em outras palavras: você tem obrigação de ser feliz" (Dinsmore, 2002). Ou você toma as rédeas da sua vida, ou fica à mercê da oscilação dos ventos.

Estudo de caso

Durante um curso de capacitação, ministrado para uma equipe de guardas municipais, sobre a humanização no atendimento ao cidadão, foi questionada qual seria a melhor forma de melhorar seu desempenho nas ruas da cidade. Após discussões calorosas, o aspecto mais ressaltado foi o do autoconhecimento.

Os debates e as dinâmicas evidenciaram que o aprimoramento pessoal depende da capacidade de reavaliação dos próprios paradigmas em relação às mudanças que ocorrem nos dias atuais. Todos os participantes admitiram que diversas de suas concepções estavam defasadas em relação às suas atribuições, ao perfil do cidadão, ao mercado de trabalho em geral e, até mesmo, em relação às suas vidas pessoais.

A comoção foi grande quando compreenderam o quanto seus preconceitos e suas limitações podem interferir na interação com seu público. Fazendo uma alusão às cores do semáforo, suas atitudes foram classificadas em vermelho, amarelo ou verde: Há disposição de ouvir o cidadão? Há disposição de se colocar em seu lugar? Os valores pessoais interferem negativamente no desempenho das funções? Como o cidadão vê o guarda municipal?

As discussões serviram como ponto de partida para o desenvolvimento de um processo de autoconhecimento. Temperamentos fortes, agressivos e até mesmo compulsivos podem se tornar mais suaves e equilibrados a partir do momento em que se tem ciência dos limites e das capacidades individuais.

Ao final do encontro, o alívio e a motivação eram perceptíveis, pois os participantes sentiram que muitos dos conflitos enfrentados no dia a dia poderiam ser minimizados com base na reflexão permanente sobre si mesmos perante as suas expectativas pessoais e profissionais.

Propomos agora que você efetue as reflexões a seguir:

1. Como você enfrenta seus conflitos? Você permite que eles alterem seu bem-estar?
2. Com que frequência você confronta seus limites e suas potencialidades com seus objetivos e suas metas?
3. Como o autoconhecimento pode melhorar sua carreira profissional?

Síntese

Para que uma marca pessoal perdure e cresça no mercado, a imagem deve corresponder ao seu conteúdo. Afinal, boas marcas não decepcionam o cliente. Não devemos, portanto, nos dedicar apenas à formação incessante de um conteúdo sólido, precisamos também nos preocupar com o impacto externo. O planejamento adequado de nossa carreira alia de maneira equilibrada o desenvolvimento do conteúdo à estratégia de promoção da embalagem, para que a marca pessoal corresponda às aspirações pessoais, ao mesmo tempo que atende às demandas do mercado.

Nesse sentido, é desejável que a marca seja autêntica, consistente, conhecida e que convença o público-alvo. Para que isso aconteça, é necessário desenvolver uma autoanálise e um estudo minucioso de si mesmo para elaborar um plano de carreira que sintonize suas aspirações pessoais com os cursos de ação necessários.

A primeira etapa do processo de autoanálise e de autoconhecimento consiste em definirmos uma visão pessoal (o que você espera do futuro), valores (princípios que norteiam sua maneira de agir) e missão (algo que dê sentido a sua vida).

Na segunda etapa, por meio do estabelecimento de objetivos e metas, definimos o caminho que queremos seguir. Isso significa não desperdiçar oportunidades, energia, tempo e recursos, além de reforçar a autoestima e reduzir as possibilidades de frustrações e desilusões.

A definição de objetivos e metas gera ações planejadas que devem estar em consonância com nosso perfil, ou seja, de acordo com nossos limites e nossas potencialidades pessoais. A terceira etapa representa, portanto, a realização do diagnóstico pessoal que nada mais é do que uma autoavaliação para identificarmos o que nos impede de avançar e o que nos permite aproveitar uma oportunidade de realização.

O ambiente também precisa ser diagnosticado. Essa atividade compõe a quarta etapa do processo e tem por objetivo a construção de um cenário com base em informações sólidas e boas referências, com o intuito de visualizarmos o que o futuro possivelmente irá nos oferecer para que estejamos bem preparados para tirarmos o melhor proveito das oportunidades e superarmos os eventuais obstáculos.

E, finalmente, com base na análise realizada nas terceira e quarta etapas, aliada a nossa visão, valores, missão e objetivos, estamos prontos para desenvolver nosso planejamento de marketing pessoal, sendo que uma de suas funções é estabelecer as estratégias de ação para aumentarmos a eficiência dos esforços e concentrarmos tempo, recursos e energia em uma única direção desejada.

Nosso planejamento precisa ser revisado periodicamente, comparando-se resultados e objetivos. Ele deve ainda ser suficientemente flexível para incorporar as mudanças no mercado que ocorrem naturalmente com o passar do tempo, ou então as conquistas que realizamos. Esse processo de planejamento, coordenação, execução e controle é chamado de *gerenciamento da própria carreira*.

Porém, nossa satisfação também advém da qualidade que imprimimos em nossas vidas e em nossos relacionamentos. Trabalhar 24 horas por dia seguramente não trará bons resultados, pois assim iremos negligenciar outras necessidades fundamentais ao ser humano. A vida se divide em, pelo menos, quatro pilares: físico, mental, espiritual e social (profissão, família e amizades). No gerenciamento de nosso projeto de vida, todos esses pilares precisam ser integrados, e cada necessidade deve ser atendida satisfatoriamente. Qualquer que seja nossa ambição, não devemos deixar de seguir o programa de gerenciamento do projeto que definimos.

Para saber mais

Se você deseja se aprofundar na leitura a respeito do conteúdo abordado neste capítulo, consulte os livros indicados a seguir:

COVEY, S. R. *Os 7 hábitos das pessoas altamente eficazes*. São Paulo: Best Seller, 2005.
MENDES, J. *Manual do empreendedor*: como construir um empreendimento de sucesso. São Paulo: Atlas, 2009.
TEE, R. *Como administrar sua carreira*. São Paulo: Publifolha, 2007.

Os filmes relacionados a seguir são recomendados para que parte dos conceitos abordados neste capítulo a respeito de marca pessoal e de projeto de vida possa ser observar na prática:

COMO PERDER um homem em 10 dias. Direção: Donald Petrie. EUA: Paramount Pictures/UIP, 2003. 110 min.
DO QUE as mulheres gostam. Direção: Nancy Meyers. EUA: Paramount Pictures, 2000. 120 min.
DUAS VIDAS. Direção: Jon Turteltaub. EUA: The Walt Disney Company/Buena Vista Pictures, 2000. 101 min.

O JARDINEIRO fiel. Direção: Fernando Meirelles. EUA: Focus Features/UIP, 2005. 129 min.

O SORRISO de Mona Lisa. Direção: Mike Newell. EUA: Columbia Pictures/Sony Pictures Entertainment, 2003. 125 min.

Questões para revisão

1. Oportunidades estão em toda a parte. Tem a vantagem aquele que consegue identificá-las e aproveitá-las. Assim sendo, assinale a alternativa que explica o que é mapear o mercado, tomando por base informações sólidas e boas referências:
   a. Fazer a segmentação do mercado.
   b. Definir o público-alvo.
   c. Definir seu posicionamento.
   d. Fazer o diagnóstico ambiental.

2. A autoanálise e o autoconhecimento são necessários para o estabelecimento de um horizonte. Portanto, selecione a alternativa que corresponde à ação de definir o que se espera do futuro dentro de um prazo preestabelecido:
   a. Definir sua missão.
   b. Identificar seus pontos fortes.
   c. Definir sua visão.
   d. Definir seus valores.

3. O sucesso profissional também depende da criação de condições que possibilitem extrairmos o máximo de benefícios de cada situação. Dessa forma, no planejamento da carreira há aspectos considerados fundamentais e estratégicos. Assinale a alternativa que não descreve um desses aspectos:

a. O autoconhecimento.
b. Ser consistente no "como" e "no que" sua imagem transmite.
c. Ouvir a opinião de terceiros.
d. Cuidar muito bem da imagem, pois ela é mais importante que o conteúdo.

4. O autoconhecimento é pedra prioritária, fundamental e estratégica no planejamento da carreira. Entretanto, o processo de autoconhecimento e autoanálise não é aquele feito em frente ao espelho diariamente pelas mulheres na hora da maquiagem ou pelos homens quando fazem a barba. Considerando que diversas etapas devem ser executadas ao longo desse processo, descreva cada um dos três elementos que constituem a primeira etapa – missão-visão-valores.

5. Recomenda-se que o projeto de vida com seus sonhos, visão, valores, objetivos e metas seja feito por escrito. Isso porque só conseguimos passar para o papel o que está bem claro para nós, quando sabemos aonde queremos chegar e estabelecemos um compromisso com aquilo que desejamos. Apesar desse esforço, é indiscutível que nem sempre conseguimos colocar em prática nosso projeto por motivos que fogem ao nosso controle. Considerando que ainda assim há profissionais com autoconfiança e autoestima elevada que não se deixam abalar por esses percalços, descreva as três características comuns encontradas em tais pessoas.

capítulo 3
qualidades e competências

Conteúdos do capítulo

- Transformações do mercado de trabalho;
- Definição de competências;
- Gestão por competências;
- Perfil do profissional da atualidade;
- Relacionamentos interpessoais.

Após o estudo deste capítulo, você será capaz de:

1. compreender a dinâmica das mudanças no mercado de trabalho e suas influências no perfil do profissional do século XXI;
2. compreender o que são competências, como elas podem ser aprimoradas e estimuladas;
3. gerenciar suas competências;
4. entender as exigências de um mercado de trabalho cada vez mais seletivo;
5. aprimorar seus inter-relacionamentos.

As empresas e – por consequência – o mercado de trabalho se encontram em contínua modificação. Na verdade, empresas e ambiente se influenciam reciprocamente: elementos do ambiente são incorporados pelas organizações e influenciam seu desempenho e resultados, enquanto as organizações, por intermédio de suas estratégias, simultaneamente modificam e selecionam os ambientes em que vão operar. Dessa forma, valores, padrões éticos, costumes, preferências e comportamento estão em contínua mudança, em graus variados de intensidade, principalmente em função da influência recíproca entre as nações provocada pelo fenômeno da globalização. As inovações tecnológicas estimulam a troca de informações sobre novas formas de se trabalhar e viver, alterando as relações interpessoais e os papéis sociais.

Dentro das organizações, há transformações que não poderíamos imaginar poucas décadas atrás. Primeiramente, a competição foi substituída pela cooperação. O trabalho em equipe prevalece aos interesses individuais e agora observamos a participação cada vez maior dos colaboradores nas decisões da empresa. O poder hierárquico está mais pulverizado e os cargos são distribuídos de uma forma mais horizontalizada. Predominam o autogerenciamento e o comprometimento com os resultados, assim como as empresas concentram seus esforços na motivação de seus colaboradores, valorizando-os e criando um vínculo de confiabilidade.

Entretanto, pergunta-se: De que maneira os gestores, os líderes, os colaboradores e os clientes se adaptaram às exigências do mercado atual?

O gestor, no passado, agia por impulso, confiando apenas no seu *"feeling"* de empresário. Atualmente, além de se ampararem num grande volume de informações para gerenciar seu negócio e nas pessoas com quem trabalham, os líderes estão, cada vez mais, aprimorando seu autocontrole, sua humildade, o repasse de informações e, principalmente, a empatia, ou seja, está sendo valorizada a capacidade de se colocar no lugar do outro e, por consequência, estão sendo valorizados os colaboradores, propiciando a eles formas de autodesenvolvimento.

Os colaboradores, por sua vez, pressionados pela dinâmica do terceiro milênio, procuram atualizar continuamente suas capacitações, adquirir novos conhecimentos, desenvolver novas habilidades e aprimorar seu comportamento interpessoal. O planejamento de uma carreira promissora, que reflita uma vida de qualidade e de realização pessoal, depende, portanto, da autoanálise que identifica o que temos de vantagens e desvantagens, isto é, quais os pontos fortes que devemos valorizar e quais os pontos fracos que devemos aperfeiçoar para fazer frente às oportunidades que o mercado nos apresenta. Os profissionais, de modo geral, estão percebendo que o trabalho pode ser prazeroso ao aliar seus desejos a suas competências na construção de suas carreiras. Com planejamento adequado, ninguém mais precisa se subjugar a fazer o que não gosta. O maior desafio, entretanto, é se manter em sintonia com a evolução da sociedade, pois a própria dinâmica do mercado pode considerar a vantagem de hoje como uma desvantagem amanhã.

E, finalmente, o acesso facilitado à informação, que se encontra disponível em qualquer parte do mundo, tem influenciado o comportamento dos clientes, os quais vêm tornando-se gradualmente mais exigentes quanto à oferta de produtos, à prestação de serviços e aos seus direitos nas empresas. Para exemplificar, temos a nova legislação aprovada no Brasil (Decreto nº 6.523/2008), que regulamenta os serviços de atendimento ao consumidor – ou, como são mais conhecidos, os *call centers* – como resultado do aumento da intolerância do cliente com o mau atendimento prestado pelas empresas.

> Para consultar o texto integral do Decreto nº 6.523, de 31 de julho de 2008, acesse: <http://www.planalto.gov.br/ccivil_03/_Ato2007-2010/2008/Decreto/D6523.htm>.

Constatamos que tudo e todos estão em constante evolução. Nós e o mundo nos influenciamos reciprocamente, e as mudanças são inevitáveis. O êxito de nossas decisões depende do quão antenados estamos com o que acontece à nossa volta e também da nossa disposição para sairmos da zona de conforto.

A postura das empresas

O livre acesso à informação, aliado às práticas de engenharia reversa, faz com que a oferta de produtos e serviços e os preços praticados no mercado sejam muito semelhantes. O diferencial que cada empresa pode oferecer ao seu cliente está, dessa forma, vinculado

> Engenharia reversa é um processo altamente sistematizado, utilizado para avaliar um produto da concorrência com o objetivo de replicá-lo ou aperfeiçoá-lo (Aronson, 1996, p. 34-44). O processo consiste basicamente em fazer o caminho inverso da montagem do produto para entender seu funcionamento.

ao seu capital humano, ou seja, às competências e habilidades de seus colaboradores. A vantagem competitiva da empresa está diretamente relacionada ao investimento em treinamentos e educação corporativa promovidos para valorizar os talentos de seus profissionais.

O desenvolvimento profissional de uma equipe está atrelado aos pontos fortes e fracos da empresa. Dessa forma, existe uma convergência entre as competências organizacionais e a de seus colaboradores, para que os objetivos da alta gerência sejam alcançados.

O investimento na capacitação profissional tem basicamente dois objetivos: o primeiro é preencher as lacunas no conhecimento adquirido ao longo da trajetória profissional de cada funcionário; o segundo é incorporar novos conhecimentos aos processos da empresa. O desenvolvimento profissional de uma equipe em várias áreas do conhecimento aumenta as chances de sucesso da empresa num mercado altamente competitivo.

O que é competência?

Fala-se muito sobre competências dentro das organizações de qualquer natureza, sejam elas fabris, educacionais, privadas, públicas, familiares ou do terceiro setor. Entretanto, o termo *competência* ainda não está muito bem compreendido – há muitas dúvidas a respeito do que ele realmente significa e, principalmente, sobre o que é preciso fazer para conquistá-la.

A começar por um esclarecimento, as competências são mais comumente conhecidas pelas iniciais *CHA*, ou seja, o conjunto de conhecimentos, habilidades e atitudes de uma pessoa.

Conhecimentos são conteúdos cognitivos armazenados ao longo do tempo, da experiência de vida e do saber de cada um e são considerados uma competência técnica, assim como as habilidades, que são a forma com que cada um faz o seu trabalho e aplica o seu conhecimento na prática – como exemplo, o manuseio de ferramentas e equipamentos. Por outro lado, são competências tidas como comportamentais as atitudes, pois se referem ao comportamento de cada pessoa, ou seja, à forma de agir, de interagir e de reagir perante os outros.

Conforme Gramigna, citado por Knapik (2006, p. 122), para facilitar o entendimento desse conceito, podemos estabelecer uma analogia entre competências e uma árvore: a copa representaria as habilidades, o tronco os conhecimentos e a raiz as atitudes. Para obtermos resultados satisfatórios – assim como observamos na árvore – devemos desenvolver todas as competências em conjunto, de maneira harmoniosa e positiva.

Dessa maneira, nas palavras da consultora em educação empresarial Maria Odete Rabaglio, citada por Knapik (2006, p. 121), a competência pode ser considerada

> um agrupamento de conhecimentos, habilidades e atitudes correlacionadas que afeta parte considerável da atividade de alguém, que se relaciona com seu desempenho, que pode ser medido segundo padrões preestabelecidos, e que pode ser melhorado por meio de treinamento e desenvolvimento.

Essa é uma definição muito interessante porque nos aponta três questões essenciais para a empresa: primeiramente, ressalta que as competências estão relacionadas com o desempenho do profissional; em segundo lugar, mostra que elas podem ser medidas; e, finalmente, afirma que elas podem ser melhoradas. Colocando em outras palavras, significa dizer que, na perspectiva da empresa, as competências exigidas em uma determinada função podem ser traçadas e mescladas com aquelas identificadas em cada profissional. Dessa análise vão resultar o treinamento e o desenvolvimento específicos de que cada colaborador necessita para que os objetivos organizacionais sejam alcançados. Esse processo recebe o nome de gestão de competências (Leme, 2005).

A gestão por competências pressupõe a aplicação de um programa em que o perfil do profissional é definido, dando ênfase a seus pontos fortes e àqueles que precisam ser melhorados. Com base na comparação entre o seu desenvolvimento atual e o considerado ideal pela empresa, são estabelecidos planos de desenvolvimento pessoal e profissional. Chiavenato (2006, p. 216) explica melhor a importância da gestão de competências para o futuro da empresa:

> Na verdade, a gestão por competências procura substituir o tradicional levantamento das necessidades e carências de treinamento por uma visão das necessidades futuras do negócio e de como as pessoas poderão agregar valor à empresa. Isso representa uma colossal mudança na abordagem: troca a visão do presente ou do passado pela visão do futuro e a correção das carências atuais pela preparação do destino da organização.

Idealmente, todas as empresas deveriam comprometer-se com o processo de gestão de competências, mas isso depende de cada cultura organizacional. Envolver-se com os talentos, com as qualificações e com as competências dos seus colaboradores é, em última instância, um comprometimento que depende das decisões da alta administração da empresa.

Importante para nós é saber que as competências exigidas por uma empresa não serão, necessariamente, as exigidas por outra, uma vez que cada cargo está intimamente correlacionado com o perfil e com as necessidades de uma organização, ou seja, as competências estão vinculadas aos objetivos e às prioridades de cada negócio e alinhadas com a missão, a visão, os valores e as estratégias organizacionais.

Quais as competências exigidas?

Não obstante as especificidades de cada empresa, existem algumas competências que deveriam estar presentes em todos os profissionais: a ética, a responsabilidade, a proatividade e o comprometimento com a organização, por exemplo. Além dessas, Chiavenato (2006) menciona as seis competências que Covey atualmente considera como as exigidas com maior frequência pelas empresas:

1. **Aprender a aprender**
Capacidade da pessoa em aprender novas informações, de se desapegar de conceitos antigos e estar aberta para novas ideias.

2. **Comunicação e colaboração**
É a capacidade de trabalhar em equipe, de colaborar com os colegas e de repassar adequadamente as informações recebidas.

3. **Raciocínio criativo e resolução de problemas**
É quando o profissional possui iniciativa para resolver conflitos e dificuldades do dia a dia, busca soluções criativas, não esperando que peçam para agir, e apresenta boa vontade em contribuir com as melhorias.

4. **Conhecimento tecnológico**
Os profissionais devem estar sincronizados com as novas tecnologias e saber utilizá-las como uma ferramenta coletiva que proporciona rapidez e otimização do trabalho.

5. **Desenvolvimento da liderança**
A liderança é uma competência que deve ser estimulada em todos os profissionais de diversos cargos, porque a tendência é todos se tornarem líderes de si mesmos.

6. **Autogerenciamento da carreira**
O profissional deve desenvolver suas competências, sempre pensando na sua projeção profissional.

Essa relação de competências não esgota outras possibilidades de aprendizado. Não podemos esquecer que, quando somos recrutados, possuímos as competências desejadas; porém, as necessidades e o ambiente no qual as organizações estão inseridas tornam o desenvolvimento de competências um processo contínuo e dinâmico para o profissional se manter no mercado de trabalho.

O perfil do profissional

A dinâmica do mundo globalizado tem influenciado o perfil do profissional atual. As empresas exigem muitas habilidades de seus colaboradores, pois esperam que exerçam muitas funções dentro de um mesmo cargo, isto é, esperam que eles sejam profissionais multifuncionais.

Algumas das principais características do perfil desse novo "superfuncionário" são identificadas a seguir:

- trabalha com vistas a sua realização profissional;
- busca sua empregabilidade, ou seja, sua capacidade de estar no mercado de trabalho;
- é inovador, criativo e possui espírito empreendedor;
- participa dos negócios da empresa;
- desenvolve seus conhecimentos gerais, além de conhecimentos técnicos;
- valoriza sua qualidade de vida;
- planeja sua própria carreira profissional;
- possui uma visão ampla da empresa;
- posiciona-se de maneira crítica diante das ordens;
- contribui com ideias e sugestões de melhorias.

O ideal é que sejamos capazes de analisar minuciosamente as mudanças e a evolução das características funcionais no segmento profissional de nosso interesse. A título de exemplificação desse processo, detalhamos a seguir o que é multifuncionalidade para o profissional de secretariado e comparamos os aspectos dessa carreira ao longo das décadas, para melhor visualizarmos sua evolução com base nas demandas do mercado. Esse raciocínio analítico pode e deve ser aplicado a qualquer profissão.

São muitas as exigências em relação às competências do secretário – e estas não se restringem apenas a suas habilidades nas rotinas do escritório. Entre outras, espera-se encontrar "a liderança, a comunicação e o relacionamento interpessoal, a motivação e a negociação" (Bond; Oliveira, 2008). Mais especificamente, quais seriam as qualidades distintivas essenciais para o profissional de secretariado? Confira a seguir (Natalense, 1998):

» Perceber suas limitações, seus próprios bloqueios
É importante que o secretário perceba até onde pode ir profissionalmente, pois não deve arriscar fazer o que não conhece – é melhor se aperfeiçoar antes de prejudicar sua imagem profissional.

» Dominar o seu setor de trabalho
O secretário deve saber realizar todas as tarefas pertinentes ao seu cargo, como arquivar documentos, organizar agendas, reservar hotéis, entre outras.

» Conseguir lidar bem com as situações inesperadas
O profissional deve estar pronto para resolver problemas inesperados e, preferencialmente, trabalhar com a prevenção de problemas.

» Ser proativo, perceber o que irá acontecer
Não deve se acomodar com a rotina diária, mas, sim, agir a favor da melhoria contínua. Para ser proativo, o

profissional deve ter atitude, iniciativa e estar atualizado com as novidades do mercado.

- Preocupar-se com o meio ambiente
Atualmente, todos os profissionais, independentemente da área em que atuam, devem manifestar preocupação com o meio ambiente, participando de programas de reciclagem e reaproveitamento de papéis, por exemplo, além de outras iniciativas que podem contribuir para a preservação dos recursos naturais e a manutenção da qualidade de vida dos colaboradores.

- Promover o crescimento socioeconômico das pessoas
O profissional da área de secretariado deve perceber as necessidades dos outros e pensar em maneiras de diminuir essas carências, promovendo, por exemplo, campanhas sociais com o objetivo de ajudar tanto pessoas de dentro da empresa quanto pessoas da comunidade, como idosos e crianças.

- Enriquecer seus conhecimentos gerais
Sempre é possível aprimorar a bagagem de conhecimentos, seja por meio da leitura de livros biográficos, seja assistindo a filmes históricos, seja com a participação em eventos que possam enriquecer sua cultura geral. Isso é muito importante porque o secretário está em contato com executivos de diversas áreas de atuação e de diversas regiões do país e do mundo.

- Facilidade de falar em público
O cargo requer a habilidade de falar em público. A sua forma de comunicação deve ser clara e objetiva, pois o secretário se depara com situações rotineiras que exigem a exposição pública para transmissão de um número muito grande de informações.

» Preocupar-se com a produtividade e com a qualidade
As empresas priorizam a produtividade, pois ela demonstra os resultados obtidos pela empresa. O secretário deve estabelecer suas prioridades e executá-las dentro de um padrão de qualidade elevado já na primeira vez, mantendo o foco nos resultados.

» Ser polivalente
O secretário deve ser ágil nas suas decisões e tarefas. Deve ter capacidade para resolver vários problemas simultaneamente, além de buscar adquirir conhecimentos sobre diversas áreas para estar apto a resolver emergências que eventualmente venham a ocorrer.

» Saber lidar com negócios
Noções de finanças e de negociações são fundamentais para o secretário quando, por exemplo, precisar adquirir passagens, converter créditos de viagens ou executar atividades afins.

» Oferecer soluções
O profissional que só traz problemas ao invés de oferecer soluções dificilmente se manterá no mercado de trabalho. Cabe ao secretário procurar sugerir soluções diante das dificuldades.

» Ser empreendedor
Ser empreendedor significa imaginar a si próprio como uma empresa que possui diversos conhecimentos e que precisa estar em constante aprimoramento e desenvolvimento para acompanhar a dinâmica do mercado. O profissional empreendedor é aquele que pensa nos custos sem perder a visão de futuro.

- Ser criativo

    A criatividade é uma das principais competências esperadas no mercado de trabalho. Além de estar normalmente associada a uma pessoa bem-humorada e proativa, auxilia na resolução de problemas inesperados.

- Dominar dois idiomas estrangeiros

    O mundo sem fronteiras requer domínio de, pelo menos, dois idiomas estrangeiros para que o secretário desempenhe satisfatoriamente suas funções. O inglês pode ser considerado uma primeira alternativa, pois ainda é o idioma mais falado nos negócios internacionais. Por outro lado, a pujança da economia chinesa – que detém aproximadamente 20% da população mundial – tem feito crescer a procura pela fluência no mandarim, idioma oficial da China.

- Postura profissional

    O secretário deve apresentar uma postura profissional permanentemente. Ele representa a empresa e, por isso, deve evitar fazer comentários antiéticos, seja a respeito da própria empresa seja sobre as pessoas e as situações. Seu papel profissional requer discrição e confiabilidade.

Essa relação de qualidades não pretende esgotar as possibilidades de desenvolvimento de competências do profissional. O mercado é dinâmico e cada vez mais seletivo, as empresas se adaptam aos novos cenários impostos pela economia mundial, e os conhecimentos, as habilidades e as atitudes necessários para fazer frente aos novos desafios se alteram com o passar do tempo. Manter-se informado é a melhor maneira para estabelecer os pontos que precisam ser desenvolvidos e aprimorados diante das evoluções naturais da sociedade.

A evolução do perfil do secretário

Por uma questão de coerência ilustrativa, continuamos neste subitem com exemplos do mesmo segmento profissional mencionado anteriormente. O secretário é, sem dúvida, um profissional que necessita de uma formação acadêmica e profissional completa. Como vimos anteriormente, seu perfil é multifuncional e apresenta suas particularidades, como a proatividade e a criatividade para resolver problemas inesperados. Mas o ponto mais importante a salientar é a evolução da carreira ao longo do tempo, que pode ser observada no quadro a seguir. O secretário passou de uma atividade extremamente operacional para a de assessoria ao executivo, tornando a profissão muito mais desafiadora e complexa que no passado.

Quadro 3.1 – Perfil profissional no decorrer do tempo

Década de 1970	Década de 1980	Década de 1990	Século XXI
A experiência é uma ferramenta usada no comando.	O grau de escolaridade é sua ferramenta de comando.	Sua *performance* é sua ferramenta de comando.	O profissional e sua equipe são a ferramenta do sucesso dele e de outros.
Acomodado. Resiste às mudanças.	Confiante. Ajusta-se às mudanças.	Empreendedor. Gera mudanças.	Visionário. Lidera mudanças.
Dependente.	Político.	Independente.	Possui visão global das coisas.
Carreirista.	Procura ser cooperador.	Facilitador.	Criativo.
Seu salário é determinado pela empresa.	Seu salário é negociado pela empresa.	Seu salário é conquistado pela importância do seu trabalho.	Seu salário é conquistado pelo resultado de seu trabalho, bem como de sua equipe.
Seu conhecimento é fruto da experiência profissional.	Seu conhecimento é com base na teoria acadêmica.	Seu conhecimento é fruto da aplicação prática da teoria.	Seu conhecimento é fruto do aprendizado contínuo.

Fonte: Adaptado de Neiva; D'Elia, 2003.

Basicamente, as circunstâncias de cada período em questão. Não apenas o secretário, mas também os profissionais de outras áreas precisaram readequar suas formações para fazer frente às diferentes demandas das empresas preocupadas em enfrentar e superar as incertezas do mercado. Quanto mais incerto e complexo for o ambiente no qual a organização está inserida, tanto maiores serão as exigências pretendidas. O quadro a seguir apresenta uma comparação das demandas do passado com as do presente e ainda oferece uma projeção para o futuro.

Quadro 3.2 – Exigências do mercado para a função de secretário

Passado	Presente	Futuro
Formação dispersiva, autodidatismo.	Existência de cursos específicos para formação.	Amadurecimento profissional, código de ética.
Falta de qualquer requisito para o aprimoramento.	Cursos de reciclagem e de conhecimentos peculiares.	Constante aprimoramento e desenvolvimento contínuo.
Ausência de política para recrutamento e seleção.	Exigência de qualificação e definição de atribuições, plano de carreira.	Visão holística e trabalho em equipe, consciência profissional.
Organizações burocráticas com tarefas isoladas.	Organizações participativas, tarefas definidas, trabalho com qualidade, criatividade e participação.	Organizações empreendedoras, trabalho em equipe, visão global, metodologia flexível, divisão de responsabilidade.
Tarefas traçadas pela chefia.	Tarefas definidas pelo novo estilo gerencial.	Tarefas globais com autonomia para execução.
Secretário como função.	Secretário como profissão.	Secretário como reconhecimento profissional, comprometido com resultados.
Objetivo de trabalho determinado pelo poder da chefia.	Objetivo de trabalho definido pela necessidade do mercado.	Objetivo do trabalho definido pela equipe empreendedora.
Falta de recursos para executar suas funções como domínio de idiomas estrangeiros e avanços tecnológicos.	Domínio em informática e outros conhecimentos.	Necessidade constante de aprimoramento, de novos conhecimentos e de visão do negócio.
Chefia.	Executivo.	Parceria.

Fonte: Adaptado de Neiva; D'Elia, 2003.

O que podemos concluir com base nos quadros mostrados anteriormente? Eles representam claramente como as empresas estão exigindo graus cada vez mais elevados de conhecimentos, de habilidades e de atitudes, em virtude do ritmo acelerado, interativo e extremamente competitivo do mundo em que vivemos.

Vimos, portanto, que manter-se atualizado é uma questão de sobrevivência, não apenas para o secretário, mas para todo profissional de qualquer área de atuação no século XXI. Porém, só isso não é suficiente. Toda leitura sobre temas que expandam seus conhecimentos e seus horizontes é obrigatória. Leia jornais, revistas e livros, associados ou não aos seus interesses profissionais. Saiba o que está acontecendo no mundo. Quanto mais diversificado for o conhecimento que você agregar, tanto mais preparado você estará para oferecer soluções e para avaliar as oportunidades que se apresentarem no seu caminho.

O hábito da leitura deveria ser cultivado, preferencialmente, desde a infância. Muitos de nós não fomos incentivados quando crianças, e, agora, na idade adulta, alguns acham a leitura uma atividade maçante e colocam todo tipo de obstáculo para justificar a falta desse costume. Entretanto, essa situação pode ser revertida a qualquer momento. Basta um pouco de vontade e persistência que logo a leitura fará parte do seu cotidiano.

A partir do momento em que percebemos os benefícios concretos que uma dose a mais de conhecimento pode nos proporcionar, ler passa a ser um prazer. Comece reservando alguns minutos do dia para essa atividade, no ônibus, antes de dormir, no intervalo para o café ou nos minutos que sobram da hora do almoço. Logo seu repertório de conversação irá ampliar-se, suas habilidades de escrita irão aprimorar-se e você se sentirá estimulado a adquirir ainda mais conhecimentos. Esse é um hábito que facilmente se torna um vício... saudável e profícuo.

Além da leitura, o aperfeiçoamento das qualidades e das competências pode ser adquirido por meio de programas de treinamento e de desenvolvimento profissional. Com os avanços da tecnologia, o acesso a cursos está extremamente facilitado. Existem diversas possibilidades oferecidas pela internet, sejam cursos ministrados a distância por escolas profissionalizantes respeitadas, sejam aqueles viabilizados pelas próprias empresas aos seus funcionários.

Devemos também considerar a participação em palestras, seminários, *workshops* e feiras, entre outros, pois, além de agregar conhecimentos específicos à nossa bagagem profissional, esses eventos também são uma fonte rica para adicionar contatos à rede de relacionamentos. No Capítulo 5, a construção de *networking* é abordada com detalhes.

Uma vez que a disponibilidade financeira pode ser um fator limitante para muitos de nós, a avaliação do melhor curso ou programa a ser selecionado deverá convergir para três aspectos: as demandas do mercado por aquela especialização, nossos pontos profissionais que precisam de aprimoramento e a reputação da instituição que oferece o curso ou o programa.

Algumas empresas investem na capacitação de seu quadro de pessoal, arcando com os custos de participação em palestras e cursos que venham ao encontro dos interesses da organização. Se esse não for o seu caso, concentre-se naqueles que podem comprovadamente trazer resultados maiores que o investimento inicial. Avalie criteriosamente cada possibilidade para agregar maior valor a sua marca pessoal.

Mais ainda, desenvolver atitudes que denotam interesse e comprometimento profissional conta muito para quem quer ser lembrado e pretende tornar-se um elemento indispensável para qualquer organização (Davidson, 2000). Podemos mencionar, por exemplo:

- aprender habilidades e conhecimentos técnicos que sejam importantes para a empresa;
- ajudar sempre que necessário, como oferecer-se para terminar uma tarefa que está atrasada mesmo que você não seja o responsável;
- ser líder;
- manter bons relacionamentos com colegas, clientes e fornecedores;
- conhecer bem a empresa.

Não somos percebidos no mercado de trabalho apenas pela nossa embalagem ou aparência externa. O conjunto de competências, experiências e formação que compõe nosso conteúdo deve ser cuidadosamente elaborado com base no planejamento de nosso marketing pessoal. A soma dos fatores externos e internos certamente será considerada quando uma oportunidade profissional surgir. Mas esses fatores não devem ser esquecidos depois que alcançamos o cargo desejado – a imagem e o conteúdo devem ser mantidos... e aprimorados continuamente.

Inter-relacionamentos

O ambiente profissional proporciona o convívio com muitas pessoas, tanto da empresa quanto externas a ela. É, portanto, inevitável o relacionamento interpessoal com clientes, colegas, parceiros, fornecedores, superiores, enfim, todos os membros que fazem parte dos processos de uma organização.

O ideal é conversar e interagir com o maior número possível de pessoas dentro da empresa, principalmente com aquelas que pertencem a setores diferentes do seu. É profissionalmente interessante descobrir como funcionam outras áreas da empresa, para que você consiga contextualizar melhor a importância do trabalho que executa. Utilize sua hora de almoço para conhecer pessoas que trabalham em outros departamentos e avaliar se há interesses profissionais semelhantes (Davidson, 2000).

Se considerarmos que os problemas de relacionamento são normais – mesmo nas empresas que investem em dinâmicas de integração entre funcionários, pois as pessoas não são umas iguais às outras, já que cada um tem uma personalidade, interesses e modos de agir próprios –, como então será possível trabalhar em harmonia com os outros? Como passar as informações de forma que todos entendam? Como não interpretar os outros de maneira equivocada?

Nas organizações, as pessoas estão em constante interação, gostando umas das outras ou não. Essa é uma questão delicada que precisa ser tratada com a importância que a situação requer. É cada vez mais frequente as empresas exigirem dos profissionais habilidades para trabalhar em equipes multidisciplinares. Desenvolver atividades em grupo não é tarefa fácil, pois o contato frequente amplia as diferenças individuais e subjetivas, propiciando o surgimento de conflitos. Para atingirmos patamares de bom convívio no meio profissional, sem prejudicar o desempenho das tarefas, é fundamental percebermos e respeitarmos os valores, as crenças e as limitações de nossos pares – os quais nem sempre têm a mesma visão de mundo que a nossa, mas nem por isso estão errados. Ser diferente não significa, necessariamente, estar errado.

Especialistas na área de desenvolvimento profissional indicam as principais atitudes que devem ser evitadas no relacionamento diário de uma equipe (Universia, 2008):

Fazer fofoca de colegas ausentes

Evite criticar ou fazer comentários sobre um colega ausente para que sua mensagem não seja distorcida quando retransmitida a ele. Se algo não lhe parece certo, nada melhor do que falar diretamente com o colega em questão.

Rejeitar o trabalho em equipe

Trabalhar em equipe produz melhores resultados que ações individuais, independentemente de seu cargo. O colega que não estiver disposto a colaborar é um elo quebrado na corrente e dificilmente conseguirá obter sucesso na organização.

Ser antipático

O oposto de antipatia é empatia, e isso significa ser leal, cortês, amigo e humilde com os demais. Cumprimentar os outros, por exemplo, é uma atitude que demonstra educação e respeito. Cordialidade sempre é bem-vinda.

Deixar conflitos pendentes

Conflitos pendentes contaminam negativamente todo um ambiente de trabalho. Se há algum episódio que precisa ser esclarecido, o melhor caminho é conversar antes que o assunto vire fofoca de corredor.

Ficar de cara fechada

Pessoas mal-humoradas não toleram brincadeiras e, com isso, acabam sendo excluídas da equipe. O bom humor é fundamental para cultivar bons relacionamentos.

» Não ouvir os colegas

Todos devem ser ouvidos, mesmo aqueles com menos experiência, para estimular a participação e a receptividade do grupo a novas ideias e soluções. Não se deve descartar uma sugestão de antemão sem ao menos considerá-la com seriedade.

» Não respeitar a diversidade

O mundo globalizado exige respeito e tratamento justo entre as pessoas, apesar de toda e qualquer diferença que exista entre os indivíduos. Além disso, a diversidade amplia as possibilidades de atuação da organização.

» Apontar o erro do outro

Errar é humano. Ao invés de criticar o erro de um colega e aumentar o problema, por que não ajudar a solucioná-lo antes que o sucesso do projeto fique comprometido?

» Irritar-se com a equipe

O fato de cada um ter um tipo de aprendizagem e um ritmo de trabalho não significa que a qualidade da atividade é melhor ou pior que a sua. O respeito deve vir acompanhado de equilíbrio emocional, maturidade e conduta educada, pontos importantes tanto para a empresa como para o profissional.

Flexibilidade em nossos posicionamentos é a grande chave para evitarmos a ocorrência de conflitos interpessoais, sem que haja prejuízo do desempenho profissional. Se conseguirmos nos colocar no lugar do outro, nossa empatia e humildade se sobressairão, e o ambiente de trabalho se tornará mais harmonioso e produtivo. A construção de uma imagem para a nossa marca pessoal também depende de nosso esforço e maturidade para desenvolvê-la.

É da natureza humana pertencer a vários grupos sociais, como família, amigos, vizinhos, colegas de escola, grupo religioso ou colegas de trabalho. Escolhemos pertencer a certos grupos porque nos identificamos e nos satisfazemos com eles de alguma maneira. Os pontos comuns e a satisfação que obtemos nos fortalecem como pessoa, aumentam nossa autoestima, fazem com que nos sintamos valorizados e aceitos. Uma vez que passamos a maior parte de nosso dia no trabalho, seria recomendável observarmos pequenos cuidados para aprimorar a política de boa convivência e aumentar nosso grau de realização por fazer parte desse grupo profissional (Kalil, 2007):

» Não invada o ambiente com a música do computador, mas também não se isole com o fone de ouvido a ponto de obrigar seus colegas a levantar para falar com você.
» Batucar com a caneta ou tamborilar com a ponta dos dedos na mesa de reunião, balançar as pernas chutando o pé da mesa, entre outros, são tiques que irritam quem está ao seu lado. Evite-os.
» Há outros tipos de tiques que merecem um cuidado ainda maior. São aqueles que se referem à higiene; por exemplo, cutucar o nariz ou o ouvido, fungar como se estivesse resfriado, entre outros.
» Telefonemas particulares, mesmo aqueles recebidos no seu celular, devem ser rápidos e falados em tom baixo. Aliás, esteja

sempre com o seu celular, mesmo quando for tomar um cafezinho, para que ninguém tenha de ficar ouvindo os sons da chamada enquanto você não estiver por perto.
» Um pouco de cortesia não faz mal a ninguém. Anote o recado na ausência de um colega.
» Sorria, cumprimente, agradeça, peça "por favor". Seja educado sempre e com todos – do estacionamento à diretoria!
» O ar-condicionado do escritório é regulado de acordo com o ambiente que tem a temperatura mais elevada (por exemplo, as janelas sobre as quais incide o Sol). Se você é da turma dos friorentos, antes de brigar com todo o mundo, defenda-se levando um casaco.

Esses pequenos maus hábitos podem gerar grandes aborrecimentos no escritório. Evitá-los "não custa nada e torna oito horas do dia muito mais agradáveis", aconselha-nos Gloria Kalil (2007, p. 39). Para se trabalhar em um grupo que realmente gere bons resultados e cumpra os objetivos da empresa, é necessário um comportamento minimamente civilizado dos membros para que atuem de maneira integrada: nesse tipo de grupo, não há dominador nem dominados, todos trabalham em harmonia e de forma democrática, onde cada um contribui com as suas competências e talentos.

Como estimular suas competências

As competências, como vimos, são formadas pelo conhecimento, pelas habilidades e pelas atitudes. Agora, iremos um pouco além desse conceito.

> Como abrir nossas mentes para assimilar novos conhecimentos, adquirir novas habilidades e modificar nossas atitudes?

Uma maneira muito interessante é estimular nosso cérebro com vistas a ampliar nossa visão para novos horizontes. Apesar de vivermos na "era do conhecimento", o profissional que consegue, na atualidade, ser criativo e intuitivo tem muito mais chances de se colocar satisfatoriamente no mercado de trabalho do que aquele que possui apenas conhecimentos técnicos (Pink, 2005). Estimulando o lado direito do cérebro, despertamos nosso lado intuitivo e criativo – ele responde pela nossa imaginação e por todas as questões mais subjetivas. No hemisfério esquerdo, ao contrário, encontram-se nossos pensamentos mais lógicos e racionais.

Para que os dois hemisférios cerebrais possam ser estimulados e utilizados da melhor maneira possível, procure quebrar sua rotina incluindo diversas das atividades sugeridas a seguir (Pink, 2005):

- » Comece a perceber as cores e as formas que o rodeiam.
- » Selecione os objetos à sua volta – os que você mais gosta e os que menos gosta.
- » Leia revistas a respeito de assuntos que nunca leu, pois isso estimulará novas ideias.
- » Invente um objeto de uso doméstico.
- » Visite museus e galerias de artes.
- » Escreva um conto com 50 palavras.
- » Observe as histórias de vida de outras pessoas.
- » Vá a encontros de contadores de histórias.
- » Leia revistas em quadrinhos.
- » Ouça músicas clássicas.
- » Desenhe seu autorretrato.
- » Aprenda a fazer coisas novas.
- » Faça aulas de teatro.
- » Jogue em simuladores virtuais.
- » Seja voluntário.

> » Participe de um "clube do riso".
> » Seja grato por tudo o que você possui.
> » Leia livros de autoajuda.
> » Imagine-se aos 90 anos.

Um estudo publicado na revista *Harvard Business Review* (Época Negócios, 2008) comprova que aprender coisas novas estimula o hemisfério direito do cérebro e nos faz, de fato, pessoas mais criativas. Se o cenário impõe um profissional dinâmico e multifuncional, amplie suas possibilidades de acesso a novas aventuras e novos conhecimentos, ou seja, inove também na maneira como você aprimora e adquire novas competências.

> **O destino está em nossas próprias mãos**
>
> Há uma parábola budista que conta a seguinte história.
>
> *Era uma vez um general que conduzia seus soldados para um confronto com um inimigo dez vezes maior que suas tropas. No caminho para o campo de batalha, as tropas pararam num pequeno templo para fazer uma oração e pedir pela vitória.*
>
> *O general pegou uma moeda e disse a seus soldados: "Estou implorando a Deus que nos ajude a derrotar nossos inimigos. Se essa moeda der cara, vamos ganhar. Se der coroa, vamos perder. Nossa sorte está nas mãos dos deuses. Vamos orar com os nossos corações." Após uma breve prece, o general lançou a moeda para o alto e, para exaltação de todos, deu cara. As tropas entraram na luta tomadas de coragem e determinação. Tal como previsto, o pequeno exército venceu a batalha.*
>
> *Os soldados, entusiasmados, disseram: "É bom ter os deuses do nosso lado! Ninguém pode mudar o que eles determinam."*
>
> *"Será mesmo?" O general mostrou então a moeda a seus soldados – ambos os lados eram cara!*

Qual é a moral da história? O destino está em nossas próprias mãos. Mas o que isso realmente significa? Encontramos uma melhor explicação nas palavras do senador norte-americano Robert Bennett: "Sua vida é resultado da soma de todas as escolhas que você fez, consciente e inconscientemente. Se você pode controlar o processo de escolha, também pode controlar todos os aspectos da sua vida. Você pode encontrar a liberdade de ser responsável por si mesmo."

Aceitar a responsabilidade das escolhas que fazemos começa com a compreensão de encontrar onde estão nossas alternativas. Estamos no século XXI, período cuja principal característica é a velocidade das mudanças. Mudanças forçam escolhas. Se estivermos propensos a crescer, vamos abraçar muitas das novas alternativas e visualizar seu lado positivo. É apenas uma questão de o que focamos e como focamos. Até mesmo as mudanças que nos atingem de forma negativa podem ser uma oportunidade de crescimento, se assim o quisermos. Lembre-se de que nem sempre podemos escolher as mudanças que surgem em nosso caminho, mas podemos escolher como respondê-las.

Mudança é vida! Lidar positivamente com mudanças significa optar por aprimoramento e crescimento pessoal contínuos. Falhar em crescer é falhar em viver. Ou seja, nosso desenvolvimento é uma escolha pessoal – e não uma determinação do destino.

Fonte: Adaptado de Clemmer, 2008; Nan Hua Buddhist Temple, 2009.

Na maioria das vezes, a criatividade e a inovação são parceiras da simplicidade – uma ideia simples pode revolucionar sua vida, desde que você tenha clareza sobre o lugar para onde quer ir e como chegar.

Estudo de caso

Muitas empresas que se dizem democráticas e participativas não conseguem aplicar na prática os conceitos vistos ao longo deste capítulo. O discurso é extremamente convincente, mas o cotidiano mostra o contrário. O relatório de consultoria efetuado em uma empresa com gestão participativa ilustra o caso.

A empresa mostrava-se realmente aberta a dar e a receber *feedbacks*. Todos os colaboradores participavam das decisões, e ao gestor cabia o papel de líder de uma equipe entrosada e extremamente comprometida – todos se sentiam donos da empresa. Muitos processos, porém, ainda eram realizados de maneira não condizente com a experiência do gestor, com a estrutura da empresa e com as demandas do mercado. Fazia-se necessário adotar uma gestão por competências. O processo de recrutamento e seleção, por exemplo, era bastante parcial e tendencioso. Testes não eram realizados, as entrevistas abordavam essencialmente questões pessoais, e a indicação do gestor geralmente definia quem seria contratado. Além disso, faltava clareza na definição das atribuições de cada função e no estabelecimento de metas. Nesse contexto, não era possível haver nenhuma forma de avaliação de desempenho que pudesse servir de motivação para os funcionários.

Ao longo dos meses, a gestão de competências foi se desenvolvendo dentro da empresa com a participação não só da gerência, mas também dos funcionários, os quais se envolveram em todas as etapas de implantação e de acompanhamento. Cada um se aprofundou nas questões relativas a suas atividades e, com a ajuda de capacitações e treinamentos, puderam se reposicionar no organograma e desempenhar as funções que mais se aproximavam de seus talentos e vocações.

Os colaboradores, cujas atitudes já tendiam para a gestão participativa, sentiram-se mais seguros para tomar decisões, uma vez que os processos e as responsabilidades estavam agora definidos. O resultado final demonstrou a formação de uma equipe coesa, motivada e ajustada, pois se priorizou a harmonia entre o que os funcionários gostam e sabem fazer e as necessidades da empresa.

Agora, reflita sobre as questões a seguir:

1. Qual a relação entre o clima organizacional e a motivação dos colaboradores?
2. Na sua opinião, por que muitas empresas não conseguem implantar a gestão participativa?
3. Há diferença entre implantar a gestão de competências numa empresa autoritária e numa participativa? Explique sua resposta.

Síntese

As empresas e, por consequência, o mercado de trabalho se modificam continuamente. As inovações tecnológicas estimulam a troca de informações sobre novas formas de se trabalhar e de se viver, alterando as relações interpessoais e os papéis sociais. Dentro das organizações, há transformações que não poderíamos imaginar poucas décadas atrás.

Os colaboradores, pressionados pela dinâmica do terceiro milênio, procuram atualizar continuamente suas capacitações, adquirir novos conhecimentos, desenvolver novas habilidades e aprimorar o próprio comportamento interpessoal. Os profissionais, de modo geral, estão percebendo que o trabalho pode ser prazeroso ao aliar seus desejos a suas competências na construção de suas carreiras. O maior desafio, entretanto, é manter-se em sintonia com a evolução da sociedade, pois a própria dinâmica do mercado pode considerar a vantagem de hoje como uma desvantagem amanhã.

Não obstante as especificidades de cada empresa, existem algumas competências que deveriam estar presentes em todos os profissionais: a ética, a responsabilidade, a proatividade e o comprometimento com a organização, por exemplo. Além disso, as relações do mundo globalizado têm influenciado o perfil do profissional atual. As empresas exigem muitas habilidades de seus colaboradores, pois esperam que exerçam muitas funções dentro de um mesmo cargo, isto é, esperam que ele seja um profissional multifuncional.

O mercado está cada vez mais seletivo, as empresas se adaptam aos novos cenários impostos pela economia mundial e os conhecimentos, as habilidades e as atitudes necessários para fazer frente aos novos desafios se alteram com o passar do tempo. Manter-se informado é a melhor maneira para estabelecer os pontos que precisam ser desenvolvidos e aprimorados diante da evolução natural da sociedade. Manter-se atualizado é uma questão de sobrevivência para todo profissional, de qualquer área de atuação do século XXI. Quanto mais diversificado for o conhecimento que você agregar, tanto mais preparado você estará para oferecer soluções e para avaliar as oportunidades que se apresentarem no seu caminho.

Uma maneira interessante de aprimorarmos nossas competências é estimularmos nosso cérebro com vistas a ampliar nossa visão para novos horizontes. Mais especificamente, estimulando o lado direito do cérebro, despertamos nosso lado intuitivo e criativo, algo que as empresas têm valorizado em seus colaboradores. Por isso, procure quebrar sua rotina incluindo no seu dia a dia atividades que você pouco ou nunca faz.

Finalmente, não podemos esquecer que nas organizações as pessoas estão em constante interação, gostando umas das outras ou não. Essa é uma questão delicada que precisa ser tratada com a importância que a situação requer. Os empregadores exigem cada vez mais profissionais com habilidades para trabalhar em equipes multidisciplinares. Assim, flexibilidade em nossos posicionamentos é a grande chave para evitarmos a ocorrência de conflitos interpessoais, sem que haja prejuízo do desempenho profissional.

Para saber mais

Se você deseja se aprofundar na leitura a respeito do conteúdo abordado neste capítulo, consulte os livros indicados a seguir:

BURNS, D. D. *Convivendo com pessoas difíceis*: aprenda a conduzir relacionamentos. São Paulo: Prumo, 2009.
HARDINGHAM, A. *Trabalho em equipe*. São Paulo: Nobel, 2002.
MEDINA, J. *Aumente o poder do seu cérebro*. São Paulo: Sextante, 2010.
QUEIROZ, C. *As competências das pessoas*. São Paulo: DVS, 2008.

Os filmes relacionados a seguir são recomendados para que parte dos conceitos abordados neste capítulo sobre competências e relações interpessoais possa ser observada na prática:

ALGUÉM tem que ceder. Direção: Nancy Meyers. EUA: Warner Bros./Columbia Pictures Corporation/ Sony Pictures Entertainment, 2003. 133 min.
FEITIÇO do tempo. Direção: Harold Ramis. EUA: Columbia Pictures, 1993. 97 min.
O ÚLTIMO samurai. Direção: Edward Zwick. EUA: Warner Bros., 2003. 144 min.
ONZE homens e um segredo. Direção: Steven Soderbergh. EUA: Warner Bros., 2001. 117 min.
SETE anos no Tibet. Direção: Jean-Jacques Annaud. EUA: TriStar Pictures/Columbia TriStar Pictures, 1997. 134 min.
SHOW de Truman. Direção: Peter Weir. EUA: Paramount Pictures/ UIP, 1998. 102 min.

Questões para revisão

1. Competências podem ser estimuladas. A seguir, apresentamos algumas atividades que têm essa finalidade de estimulação. Assinale a alternativa que apresenta uma atividade de estimulação incorreta:
   a. Leia revistas a respeito de assuntos que nunca leu.
   b. Aprenda a fazer coisas novas.
   c. Não saia da sua rotina.
   d. Imagine-se aos 90 anos.

2. A dinâmica do mundo globalizado vem influenciando o perfil do profissional atual. As empresas esperam encontrar um profissional multifuncional. Algumas das principais características do perfil desse novo "superfuncionário" são identificadas a seguir. Marque (F) para as características falsas e (V) para as verdadeiras. A seguir, assinale a alternativa que apresenta a sequência na ordem correta:
   ( ) Busca a empregabilidade.
   ( ) É inovador, criativo e possui espírito empreendedor.
   ( ) Preocupa-se com o meio ambiente.
   ( ) Planeja sua carreira profissional.
   a. V, V, F, V.
   b. F, V, F, V.
   c. V, V, V, V.
   d. F, F, V, F.

3. Idealmente, todas as empresas deveriam comprometer-se com o processo de gestão de competências, mas isso depende de cada cultura organizacional. De qualquer forma, competências estão relacionadas com o desempenho profissional. Assinale a seguir a alternativa que não está de acordo com as afirmações anteriores:

a. As empresas desenvolvem treinamentos específicos para melhorar o desempenho de seus colaboradores.
b. As competências exigidas dos colaboradores estão vinculadas aos objetivos e às prioridades da empresa.
c. As competências estão relacionadas com a prática de engenharia reversa.
d. As competências podem ser medidas e avaliadas.

O ambiente profissional proporciona o convívio com muitas pessoas, tanto na empresa quanto em outros ambientes. É, portanto, inevitável o relacionamento interpessoal com clientes, colegas, parceiros, fornecedores, superiores e todos os membros que fazem parte dos processos de uma organização. Com base no texto exposto, responda às duas perguntas a seguir.

4. Por que é considerado natural que ocorram problemas de inter-relacionamento?

5. Quais atitudes devem ser evitadas no relacionamento diário de uma equipe para que patamares de bom convívio no meio profissional sejam alcançados e não haja prejuízo do desempenho das tarefas individuais e coletivas? Mencione e comente pelo menos duas atitudes.

capítulo 4
comunicação verbal e não verbal

Conteúdos do capítulo

- O processo de comunicação e seus conceitos básicos;
- Dificuldades na comunicação;
- Tipos de comunicação;
- A imagem no processo de comunicação;
- A escolha do traje;
- A comunicação eficaz;
- A assertividade.

Após o estudo deste capítulo, você será capaz de:

1. identificar os elementos necessários para que o processo de comunicação ocorra;
2. reconhecer os obstáculos para a comunicação eficaz;
3. entender as características da comunicação verbal e da não verbal;
4. compreender como a imagem influencia o processo de comunicação interpessoal;
5. escolher um traje para o ambiente corporativo com mais segurança;
6. compreender como ocorre a comunicação eficaz e a importância da assertividade para ela.

Você sabe o que é comunicação? Você sabe se comunicar? Muita gente nem titubeia e responde "sim" para essas duas perguntas. Mas será que é assim mesmo?

Em primeiro lugar, gostaria que você refletisse a respeito de um fundamento básico do processo de comunicação: comunicar-se não é o que você fala, mas sim o que o outro entende. Ou seja, o entendimento da mensagem depende de questões cognitivas e emocionais das duas partes envolvidas num diálogo. Em segundo lugar, o processo de comunicação é influenciado por uma série de fatores que vão além das palavras ditas ou escritas – o que não é dito verbalmente tem muita influência na emissão da mensagem, pois as expressões corporais e faciais, por exemplo, manifestam claramente a intenção de quem as expressa, às vezes, contrariando as próprias palavras emitidas.

Dessa forma, podemos afirmar que comunicação não é simplesmente abrir a boca e emitir um punhado de palavras para alguém. Junto das palavras que seu intelecto organiza, sua voz e seu corpo transmitem emoções. Quanto mais integradas estiverem a razão e a emoção, mais eficiente será essa comunicação.

Comunicar-se é, portanto, um processo bastante complexo do qual depende o nosso sucesso, tanto na vida pessoal quanto na profissional. Planos e projetos só podem se concretizar se houver comunicação, pois tudo ocorre a partir do diálogo. Negociações malsucedidas, discussões, conflitos, vendas perdidas, discursos inócuos, treinamentos monótonos, entre outros, são exemplos de processos de comunicação que não foram efetivos, apesar do sem--número de possibilidades disponíveis para realizá-los como telefone, *e-mail, fax,* reuniões, almoços e visitas, entre outras.

O nosso desenvolvimento pessoal requer práticas satisfatórias de comunicação para que os desentendimentos que normalmente ocorrem nas relações interpessoais sejam minimizados e sua carreira avance com o menor número de obstáculos possível.

O processo de comunicação

O processo de comunicação acompanha a evolução do homem. Conforme o homem evoluiu historicamente, modificaram-se também as suas formas de comunicação e as tecnologias utilizadas para transmiti-la. O que antes era escrito só em papel hoje pode ser substituído pelo meio virtual, como as mensagens que são transmitidas via internet ou pelo telefone, *fax* e *Short Message Service* (SMS), mais comumente conhecido como *mensagem via celular*.

Porém, mesmo que o processo de comunicação esteja continuamente se modificando e se aperfeiçoando com tecnologias cada vez mais avançadas, a comunicação também se expressa por meio do comportamento humano. Sempre se manifestou por essa forma e sempre se manifestará, pois até mesmo o silêncio e a ausência de gestos são uma forma de comunicação.

Então, o que vem a ser comunicação? Palavras, expressões faciais, gestos, posições corporais, escritas, desenhos, pinturas, silêncios, risos, roupas, vozes? Tudo isso e muito mais envolve o universo da comunicação. Não são apenas as palavras ditas que traduzem uma mensagem que se deseja enviar, mas principalmente como elas são enunciadas. "Nosso comportamento indica algum tipo de atitude, de pensamento, de postura, de conhecimento, ou seja, estamos nos relacionando com os outros o tempo todo, mesmo que involuntariamente ou inconscientemente", explicam Bond e Oliveira (2008, p. 16).

Além da comunicação com o outro, chamada de *comunicação interpessoal*, existe também a comunicação intrapessoal, que é aquela nossa "voz interior", isto é, quando conversamos com nós mesmos. Diante disso, é fácil perceber que não é possível viver sem a comunicação, seja sozinho, seja na companhia de alguém.

Por meio da comunicação interpessoal é que se estabeleceu o processo social, a convivência em grupo e a organização da sociedade. "A comunicação é a mais básica e vital de todas as necessidades, depois da sobrevivência física. As pessoas têm a capacidade de transmitir pensamentos e sentimentos, mutuamente, através da comunicação interpessoal" (Senai-PR, 2003b).

Estudar comunicação é importante para percebermos as formas de interações humanas e de aperfeiçoamento comportamental. Somente pela observação da comunicação interpessoal poderemos aprender a nos comunicar melhor, a evitar conflitos e a expressar adequadamente o que desejamos realmente transmitir. Afinal, a comunicação só ocorre de fato quando o outro compreende corretamente o que verbalizamos.

Conceitos básicos de comunicação

Comunicar significa estar com alguém, compartilhar, ter algo em comum. A palavra *comunicar* tem origem latina, *communicare*, que significa "pôr em comum" (Senai-PR, 2001a, p. 11).

Pôr em comum, ter algo em comum... Quer dizer que, para haver a comunicação, as pessoas devem ter interesses em comum, ou seja, quando alguém fala, o outro deve estar aberto para ouvir – só assim acontece a comunicação interpessoal.

O comportamento humano é a própria expressão da comunicação. Entretanto, tal comportamento deve ser observado pelo outro, ou não terá sentido comunicacional. A comunicação deve envolver afinidades, empatia e contato entre uma ou mais pessoas.

Para que haja efetivamente um processo de comunicação, alguns elementos essenciais devem estar presentes. A ilustração a seguir demonstra como esses fatores interagem entre si.

Figura 4.1 – Processo de comunicação

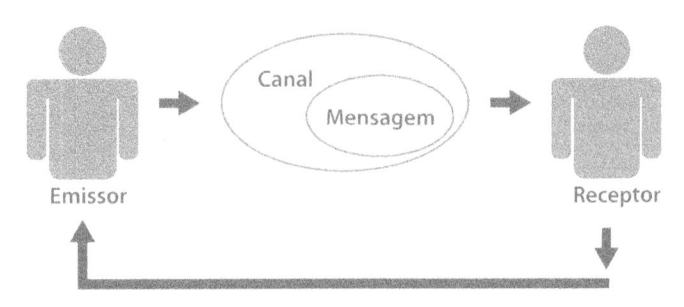

Cada um desses elementos tem uma função específica para que juntos constituam o processo de comunicação. Acompanhe a seguir:

> » **Emissor ou fonte**
> É aquele que transmite a mensagem, que deseja comunicar-se. Tem a intenção de falar algo ou expressar suas ideias, seus sentimentos.
> » **Mensagem**
> É a ideia que se intencionou comunicar. É o conteúdo a ser dito ou manifestado.
> » **Canal**
> É o meio utilizado para transmitir a mensagem. Por exemplo, a televisão, uma carta, um *e-mail*, um *fax*, entre outros.
> » **Receptor**
> É quem recebe a mensagem, o destinatário. Ele é quem deve estar receptivo para receber a comunicação.
> » **Resposta/Reação**
> É o retorno que realimenta o processo de comunicação. Por meio dela, o emissor pode avaliar como a sua mensagem foi captada pelo receptor.

> **Contexto**
> É a situação na qual ocorre a comunicação. O ambiente, o clima psicológico, as expectativas, os sentimentos que envolvem o momento da transmissão da mensagem.

Para que ocorra a comunicação de uma forma eficaz, todos esses elementos devem corresponder aos seus objetivos – ou então a comunicação se transforma em um monólogo, em que apenas um fala e o outro pode não receber a mensagem adequadamente.

As principais dificuldades em se comunicar adequadamente

O processo de comunicação é bastante complexo. Não é um processo linear, no qual os fenômenos ocorrem sempre da mesma forma e sem interferências. A comunicação é complexa porque envolve pessoas, e pessoas possuem sentimentos diversos que podem interferir positiva ou negativamente nesse processo.

Vamos imaginar a seguinte cena: Sabe aqueles dias em que a gente levanta "com dois pés esquerdos"? Tudo parece ruim e negativo... Chega um amigo, e este lhe faz um elogio. A intenção era que você o escutasse e aceitasse aquele elogio, mas seu estado de espírito está muito alterado e você nem chega a ouvi-lo. Isso demonstra que a comunicação não alcançou o seu objetivo, porque o que um falou o outro não ouviu.

Diante disso, podemos concluir que existem fatores emocionais e também ambientais que podem ser considerados como distúrbios de comunicação. Os principais estão classificados em três grandes grupos, relacionados a seguir.

1. **Bloqueios**

    O bloqueio ocorre quando um fala e o outro não ouve. O não ouvir, nesse caso, nada tem a ver com distúrbios auditivos, mas sim bloqueios afetivos. Vamos supor que você considera um colega do seu trabalho incompetente e sem conhecimentos sobre um determinado assunto. Quando esse colega tenta discutir esse assunto com você, imediatamente você se utiliza de prejulgamentos e não dá ouvidos ao que ele lhe fala. Os bloqueios ocorrem praticamente com todas as pessoas e em diversas situações, entre marido e mulher, entre filho e mãe, entre colegas de trabalho e entre irmãos. Inicialmente, o que podemos fazer para evitar esse tipo de distúrbio de comunicação é perceber se estamos realmente ouvindo o outro ou se estamos apenas olhando e mantendo nosso preconceito em relação a ele. A autopercepção é sempre o primeiro passo para nos aperfeiçoarmos.

2. Filtragem

Sempre utilizamos filtros no processo de comunicação. Por exemplo: você está assistindo a uma palestra. Direciona sua atenção e seu "ouvido" para os temas que mais lhe interessam, geralmente um assunto que tem significado para sua vida, algo que você já vivenciou ou que pode lhe ser proveitoso. Não conseguimos absorver 100% de uma aula ou palestra – porque nossa atenção é limitada – e então optamos por filtrar os conteúdos que nos parecem mais importantes. Realizamos a filtragem também quando recebemos críticas, pois muitas vezes não sabemos recebê-las e, por isso, as ignoramos ou fingimos não escutá-las e ficamos apenas com os elogios. Saber escutar críticas e compreender os pontos de vista dos outros faz parte do nosso amadurecimento e enriquecimento pessoal.

3. Ruídos

Os ruídos podem ser oriundos do ambiente. Por exemplo, você está numa sala e seu colega em outra; ele grita para você dizendo que deseja um determinado documento e, devido à distância e aos ruídos do ambiente, você não o escuta direito e entende errado, achando que é outro documento. Mas o ruído geralmente é fruto de interpretações erradas – é o que comentamos anteriormente a respeito das interferências afetivas. Muitas vezes, alguém lhe faz um comentário com uma determinada intenção e você, por estar amargurado ou com raiva, interpreta aquele comentário como maldoso ou de má-fé. A comunicação sofreu um ruído, ou seja, aquilo que foi dito não é a mesma coisa que foi ouvida. Devemos tomar muito cuidado em escutar o que realmente nos falam, evitando que nossos sentimentos nos façam interpretar a mensagem de forma negativa ou distorcida.

Quando a comunicação não flui harmonicamente, a tendência é que surjam conflitos e mal-entendidos. Conforme Bond e Oliveira (2008), conhecer os obstáculos que podem ocorrer durante o processo de comunicação vai possibilitar que você os identifique e encontre uma maneira de evitá-los:

- Autossuficiência

  A autossuficiência leva as pessoas a não escutarem o que os outros têm a dizer porque consideram a própria opinião como a única correta. Esses costumam ser indivíduos prepotentes e sem humildade para se colocarem no lugar do outro. Isso dificulta muito o processo de comunicação, pois esse tipo de pessoa raramente ouve o que o outro tem a dizer.

- Preconceitos e vícios (levar-se pelas primeiras impressões)

  São pessoas que têm o costume de julgar os outros pela aparência ou pelos seus próprios valores. Não conseguem

desnudar-se de seus conceitos nem enxergar as pessoas como elas são. A comunicação fica prejudicada, pois, se o receptor possui preconceitos para com o emissor da mensagem, com certeza ele não irá dar crédito ao que foi dito e geralmente irá contra aquela ideia, já que partiu de alguém "desfavorável", conforme seus critérios de julgamento.

» Emprego incorreto de palavras

Muitas pessoas não percebem o público-alvo para o qual direcionam suas mensagens, sua fala. Utilizam palavras técnicas e, muitas vezes, incompreensíveis para quem as escuta. A fala sempre deve se adequar a quem se destina. Caso contrário, as pessoas não irão compreender o que se pretende comunicar. Isso ocorre bastante entre médicos e pacientes, entre advogados e clientes e com palestrantes que desconhecem seu público e não preparam adequadamente seus discursos com o objetivo de alcançar a compreensão de todos.

» Dificuldade de expressão

Ocorre quando o emissor não possui um fluxo de pensamento lógico e não consegue achar palavras adequadas para expressar sua mensagem. A mensagem é transmitida de forma confusa e desordenada. Isso ocorre muito na comunicação escrita, quando o emissor não possui domínio de redação e não consegue realizar um texto claro e conciso.

Além desses bloqueios, também podemos citar: falta de interesse ou de atenção do receptor; desconhecimento do assunto a ser transmitido pelo emissor; insegurança, nervosismo e desequilíbrio emocional do emissor; abordar um assunto de maneira inoportuna ou em tom de voz inadequado (Bond; Oliveira, 2008, p. 20). Todos nós já passamos por experiências nas quais reconhecemos a presença de um ou mais desses fatores.

Como não bastassem os bloqueios, existem também outros tipos de interferências que prejudicam a comunicação (Bond; Oliveira, 2008, p. 21). Por exemplo, podemos mencionar situações como: muitas pessoas falando ao mesmo tempo; buzinas, sirenes ou qualquer outro tipo de poluição sonora; palavras mal-articuladas ou ditas em tom de voz muito baixo; escrita ilegível; sono, fadiga, tensão nervosa e outros problemas de ordem física ou psicológica. Se pretendemos servir de elo eficaz de comunicação entre as próprias unidades da empresa, entre a empresa e o seu público externo ou entre os membros de uma equipe, é imprescindível minimizarmos ou evitarmos a incidência dessas interferências por meio da autopercepção, para que a mensagem pretendida atinja o receptor da forma mais fidedigna possível.

Tipos de comunicação

A comunicação pode ocorrer de várias formas, como já sabemos, pois não são apenas as palavras que transmitem uma mensagem. São também nossos gestos, o tom da nossa voz, nosso olhar, nossas roupas e postura, a forma como nos comportamos. Enfim, devemos perceber que as mensagens são transmitidas mesmo quando não são ditas. Dessa forma, podemos classificar os tipos de comunicação em verbal e não verbal. Veja a seguir as principais diferenças.

Comunicação verbal

Os principais cuidados na comunicação verbal, além do que já foi comentado anteriormente, incluem a observação de alguns critérios (Senai-PR, 2001b):

» a voz muito alta pode ter a conotação de autoritarismo, de poder ou de raiva;

- » a voz muito baixa pode transmitir a ideia de timidez ou de insegurança;
- » a voz gutural – ou seja, de um tom grave, que vem da garganta – comunica maturidade e segurança;
- » uma fala com tom muito uniforme, sem entonações nas palavras-chave, pode se transformar em uma fala monótona e esmorecida;
- » a respiração deve estar harmoniosa de acordo com a fala – caso contrário, pode sugerir ansiedade e nervosismo.

Além dessas dicas, é importante sabermos com clareza o que pretendemos falar e para quem iremos falar. É essencial planejarmos nossa fala e conhecermos o nosso público para realizarmos uma boa comunicação.

Comunicação não verbal

A linguagem não verbal é toda linguagem que não se utiliza da fala. Pode ser praticada por meio de expressões corporais e faciais, roupas, maquiagens, penteados e comportamentos.

Esse conjunto de fatores pode indicar intenções – às vezes inconscientes – do que se pensa ou se deseja, mas precisamos tomar muito cuidado ao interpretá-los quando estamos no papel do receptor, para não julgar precipitadamente nosso interlocutor. Igualmente, devemos observar de que forma nosso corpo "fala" quando somos nós os emissores da mensagem. Tudo está sendo observado e, por vezes, inconscientemente percebido.

Existem alguns gestos que podemos considerar evidentemente negativos ao transmitirmos uma mensagem, como os mencionados a seguir:

- » colocar a mão sobre a boca é uma forma de evitar que se fale, seja por espanto, por medo, por indignação, ou quando se deseja expor suas ideias, mas a situação não permite;

> » os braços cruzados também devem ser utilizados com cuidado, pois geralmente transmitem a ideia de autodefesa, de alguém que não está aberto a negociações ou que está se posicionando de maneira superior ao outro;
> » colocar as mãos nos bolsos quando se fala demonstra insegurança, medo e timidez.

O nervosismo se expressa de várias formas: roendo unhas, balançando as pernas ou os pés, sacudindo uma caneta, enrolando o cabelo ou até se coçando, pigarreando ou gaguejando. Devemos nos observar com atenção para que esses gestos sejam controlados e não deponham contra nós durante um discurso, uma entrevista ou uma negociação.

Por outro lado, há gestos que transmitem mensagens positivas. Passar a mão insistentemente no queixo, quando se escuta alguém, simboliza estar prestando atenção, pensando, analisando o que está sendo dito. O olhar fixo nos olhos da outra pessoa transmite a ideia de segurança no que falamos, de tranquilidade em relação ao que pensamos ou de interesse no que o outro está transmitindo.

Conforme Holz (2008), resultados de pesquisas comprovam que o impacto das mensagens que transmitimos é 7% verbal (apenas palavras escritas), 38% vocal (incluindo tom de voz, inflexões e outros sons) e 55% não verbal (gestos e movimentos).

Se estivermos numa conversa frente a frente, os gestos e os movimentos da comunicação não verbal respondem por 65% do impacto, e as palavras por 35%.

Podemos perceber por esses dados que a comunicação não verbal é extremamente importante durante a transmissão de mensagens. Muitas vezes não gostaríamos de falar algo,

Figura 4.2 – Impacto das mensagens

7% verbal
38% vocal
55% não verbal

mas nosso corpo, por meio de gestos ou de expressões faciais, acaba falando por nós.

Consequentemente, é importante tomarmos consciência de nossas atitudes, gestos e expressões para que nossa linguagem não verbal esteja de acordo com o que queremos realmente expressar. A comunicação não verbal é alicerçada essencialmente no inconsciente, ou seja, são gestos praticamente involuntários, dos quais não nos damos conta. É o reflexo da nossa "voz interior", e nem sempre a percebemos, mas ela está presente o tempo todo no nosso comportamento.

A credibilidade também está relacionada com a forma como nos comunicamos. Parece estranho, mas, se você observar bem, quando uma pessoa demonstra insegurança ao falar – seja pelo seu tom de voz, seja pelos seus gestos –, você dificilmente dará crédito ao que ela diz. Por outro lado, há pessoas que nos convencem apenas pela forma de falar e pelo seu tom de voz. Dessa forma, é importante que os profissionais aprendam a se perceber e a controlar seus comportamentos desfavoráveis para que o diálogo se desenvolva eficazmente dentro do ambiente corporativo.

Você também pode aguçar seus sentidos e treiná-los para perceber a linguagem subliminar que está sendo utilizada pelos seus interlocutores. Isso irá contribuir para que você conheça melhor as pessoas que trabalham e convivem ao seu lado. Quanto melhor você as conhecer, mais fácil será interagir com elas.

Porém, antes de perceber o outro, é necessário que você conheça a si mesmo, percebendo seus atos, gestos, expressões faciais, tons de voz, vícios de linguagem, aparência e forma de andar. Essa experiência é importante porque somente a partir do seu autoconhecimento você poderá tentar entender o outro.

Na autoanálise, a parte mais difícil é conseguirmos identificar nossas dificuldades e desvantagens. Para facilitar esse processo, vamos tomar por base os problemas mais comuns levantados por Reinaldo Passadori (2003), professor de Comunicação Verbal, que são resumidos a seguir em três grupos distintos: psicológicos, físicos e técnicos.

1. Psicológicos

    Medo – Real ou imaginário, pode ser traduzido em medo "de tudo", desde ser malsucedido, de não ser compreendido, de falar em público, até de dar "dor de barriga".

    Excesso de preocupação – Geralmente produz um pessimismo generalizado que neutraliza o entusiasmo e a energia positiva, provocando uma grande possibilidade de fracasso.

    Baixa autoestima – Traduz-se em atitudes pessimistas que influenciam negativamente as pessoas com as quais você se comunica. Ao contrário, uma pessoa de bem consigo própria irradia uma energia positiva que contagia com otimismo as pessoas ao seu redor. As pessoas costumam reagir na mesma frequência em que nos encontramos.

2. Físicos

    Voz – Pode ser fraca, quase inaudível, estridente demais ou monocórdica, gerando sonolência nas pessoas e desatenção geral.

    Dicção – Os sons não são claros, seja por dificuldade de pronúncia, seja porque são excessivamente nasalados, tornando feia e incompreensível a fala.

    Velocidade da fala – Quando excessiva, as palavras são atropeladas, o que dificulta o entendimento das ideias. Quando lenta demais, torna seu interlocutor impaciente ou desinteressado na sua mensagem. O correto é falar em ritmo natural, intercalando pausas para que você tenha tempo de encadear suas ideias e para que a pessoa com quem você fala possa absorver o que foi dito. Prolixidade e excesso de objetividade interferem na comunicação.

Expressões corporais – Há pessoas cujas vozes não correspondem ao conteúdo da mensagem (não utilize uma voz triste para comunicar algo alegre ou positivo, por exemplo). Da mesma forma, observe seus gestos e postura para que eles reforcem seu processo de comunicação, prendam a atenção do seu interlocutor e sejam coerentes com o teor da mensagem, sem passar arrogância e prepotência ou, ao contrário, humildade demais. Lembre-se ainda de que, para envolver plenamente a pessoa com quem se está conversando, devemos olhá-la diretamente nos olhos.

Aparência – A maneira como estamos vestidos e nosso asseio pessoal podem passar credibilidade e seriedade àquilo que verbalizamos. Sem exagerar, nossa aparência deve estar adequada à circunstância.

3. Técnicos

Ideias desorganizadas – Toda mensagem dever ter um objetivo, um começo, um meio e um fim. Se a estrutura do seu processo de comunicação for invertida, provavelmente você não será compreendido.

Vícios de linguagem – Quando utilizamos em excesso expressões como *"né", "tá", "certo", "na verdade"*, desviamos a atenção da audiência, a qual não consegue prestar atenção ao conteúdo de nossa fala.

Uso inadequado de recursos audiovisuais – Transparências e apresentações em Microsoft PowerPoint® devem seguir alguns critérios para que o conteúdo seja assimilado, ou seja, o tamanho da fonte deve ser legível, cores e contrastes devem ser agradáveis ao olhar, as informações de cada lâmina devem ser claras e devem seguir uma estrutura lógica de pensamento, sem encher demasiadamente cada *slide* com informações.

Uma vez identificadas nossas dificuldades de comunicação, encontrar a solução é relativamente mais simples com a busca de orientação adequada e com algum treinamento para corrigir problemas específicos. O objetivo principal é tornar nossa comunicação mais efetiva, diminuindo as percepções negativas do receptor da nossa mensagem.

A importância da imagem

A imagem também exerce uma grande influência no processo de comunicação interpessoal, pois as sociedades possuem regras, valores e padrões que regem os grupos sociais e fazem com que as pessoas sejam aceitas ou não. Esses padrões variam conforme o tempo e o espaço, mas sempre estão presentes em uma sociedade.

No mundo corporativo, a imagem é imprescindível para o êxito profissional, tanto no seu ingresso como na sua carreira. A imagem que construímos de nós mesmos é a que a empresa percebe, e ela deve necessariamente ser adequada ao ambiente e à nossa personalidade.

As empresas, assim como as sociedades, também constroem seus padrões de exigência em relação à imagem das pessoas e à forma de se vestir e se portar. Uma empresa é diferente da outra, os modelos diferem entre si porque estão essencialmente relacionados com a cultura e o clima organizacional de cada uma. Existem empresas mais formais – que exigem dos seus funcionários uma imagem mais protocolar –, assim como há o oposto – as informais não fazem muitas exigências em relação à imagem de seus profissionais.

Além disso, cada cargo também possui suas peculiaridades. Por exemplo, um profissional da área de secretariado deve sempre se apresentar de forma impecável, com trajes mais solenes e formais, cabelos alinhados, maquiagem discreta (se a ocasião exigir) e tom de voz adequado. Enfim, esse profissional representa a empresa.

A forma como uma pessoa deve se vestir chama-se *dress code* e se aplica tanto a eventos sociais como profissionais. Esse termo abrange, na verdade, muito mais do que apenas a roupa que devemos vestir. Embutidos em seu significado estão também a postura e o comportamento esperado naquela circunstância específica. O *dress code* é uma indicação preciosa sobre o tom e o clima da situação da qual participaremos, seja um jantar, seja um processo de seleção em uma empresa, seja o ambiente de trabalho. O *dress code* representa essa adequação, isto é, saber utilizar a roupa certa, no momento certo e no lugar certo.

Nossa imagem deve transparecer competência e seriedade, pois estamos representando a classe profissional da qual fazemos parte. No entanto, cada cargo ou função tem particularidades e características próprias a serem observadas, ou seja, não há regra que possa ser aplicada igualmente a todas as áreas profissionais, conforme veremos na próxima seção – há diferenças entre empresas e cargos que devem ser respeitadas.

Com que roupa eu vou?

Abrir o armário pela manhã e decidir o que usar para trabalhar é um suplício para muita gente, principalmente para as mulheres, pois, como possuem muito mais opções em seus guarda-roupas, também têm mais chances de errar.

Em primeiro lugar, o como se vestir deve corresponder ao perfil da empresa e do cargo. O que está exposto nos exemplos a seguir são profissionais adequadamente trajados para as posições que ocupam, partindo de uma circunstância mais formal até uma bem informal.

Figuras 4.3 e 4.4 – Exemplos de trajes formais | 137

Terno e *tailleur* são a marca registrada desse estilo.

Figuras 4.5 e 4.6 – Exemplos de trajes casuais

Um guarda-roupa assim mistura roupas formais com esportivas.

Figuras 4.7 e 4.8 – Exemplos de trajes informais

Toda empresa possui um código de vestir – ainda que implícito; por isso, há limites para a informalidade do visual.

Da mesma forma, devemos considerar também a ocasião e o clima para que estejamos adequadamente trajados em todos os momentos de nossa vida profissional e pessoal. Além disso, não podemos esquecer que o que vestimos compõe a nossa marca pessoal e reflete não só a nossa personalidade, mas também caracteriza a mensagem que desejamos transmitir (Bond; Oliveira, 2008).

Definir o que é ou não adequado trajar depende de bom senso e da circunstância. Por esses motivos, é importante estarmos sempre atualizados e informados, acompanhando as mudanças e a evolução de como devemos estar trajados, percebendo o que nossa sociedade exige na atualidade. Como não há, de modo geral, uma regra explícita e definitiva sobre esse assunto, podemos sugerir alguns itens que devem ser evitados no que diz respeito às vestimentas femininas.

Quadro 4.1 – Trajes proibidos para elas

Trajes	Acessórios
Roupas de cores vibrantes (verde-limão, laranja, *pink*).	Uma porção de pulseiras de argola (duas ou mais) e pulseiras com badulaques.
Calças *jeans* e de brim – curtas, muito compridas, coladas, rasgadas, bordadas, de cós baixo e largas (tipo pantalona) e as brancas transparentes.	Bijuterias extravagantes (colares, brincos, pulseiras, anéis imensos e coloridos).
Calças, saias ou vestidos de *cotton*, linha ou malha fina.	Cintos com fivelas enormes ou adornos (penas, pedras, taxas).
Miniblusa, blusa colada, *top*, tomara que caia.	
Blazer desbotado, tendo *lingerie* à mostra.	Xales, echarpes e lenços (na cintura, nos ombros, na bolsa).
Peças transparentes e aquelas com *lingerie* por baixo, à vista.	Broches, comendas, bótons de times de futebol, partidos políticos e similares.
Saias curtas, justas ou muito rodadas.	Celular pendurado na roupa ou na bolsa.
Decotes e fendas enormes.	Presilhas e tiaras enormes e com brilhos.
Roupas com penas, plumas, franjas, pedras e paetês.	Turbantes, faixas, bandanas etc.
Tamancos, babuchas ou sandálias sem tiras no calcanhar.	Bolsas muito pequenas ou grandes demais.
Botas extravagantes, de cano alto, vermelhas ou brancas, "oncinha", "zebrinha" ou plataformas.	Esmaltes verdes, roxos ou de cores fortes.
Sapatos muito altos, com cores vibrantes e/ou bordados.	Maquiagem extravagante e com cores vibrantes (batons vermelhos ou *pink*).
Sandálias rasteiras, ou com tiras no tornozelo, ou tênis.	

Fonte: Adaptado de Gomes, 2003, p. 94.

Percebemos que o ambiente profissional exige mais discrição e sobriedade. As roupas que usamos para os programas de final de semana com amigos certamente não são adequadas para a vida corporativa. A título de orientação, pois toda situação apresenta exceções, o quadro a seguir resume o que é normalmente aceito quando o assunto é o ambiente de trabalho.

Quadro 4.2 – O que elas devem usar?

Roupas	Acessórios
Calça de microfibra ou gabardina com *stretch* (cinza, castor, ocre, caramelo, preta, do tipo alfaiataria).	Cinto de fivela neutra.
	Bolsa (tamanho médio, discreta e de bom material, preta, ocre ou terra).
Vestido *chemisier* (abaixo do joelho e com manga curta).	Agenda (preta ou ocre) e uma caneta elegante.
Twin-set (bege, rosa, salmão, caramelo, mostarda).	Uma pasta (de alça, tamanho médio, preta ou ocre).
Tailleur (bege, caramelo, chumbo e azul-marinho).	Meias finas (sem nenhum detalhe, nas cores naturais e *light black*) – recomenda-se ter dois pares sobressalentes na gaveta do escritório e um na bolsa.
Blazer e saia (preta reta com prega macho ou evasê).	Lenços de bom gosto e discretos (para proteger o pescoço nos dias de frio).
Camisa branca, azul, bege, rosa, listrada.	Fivelas para prender os cabelos (neutras ou as do tipo "tartaruga", que são elegantes e não comprometem o visual).
Blusas de tricô, de manga curta.	Relógio de pulso (pulseira de aço na cor prata/ouro, ou de couro neutro).
Blusa de babado (discreta e feminina).	
Jaqueta sequinha e discreta (branca, bege, preta de tencel, brim, sarja, *shantung* ou tafetá liso).	Colar de pérolas (médio).
	Corrente estreita com crucifixo ou pingente neutro.
Sapato escarpim ou chanel (baixo e nas cores preta, terra, caramelo, musgo).	Bijuterias discretas e diferentes.
	Brincos de pérola, de bola dourada ou pequena argola de prata.
Bota (salto baixo e grosso, cores preta ou café).	Anel elegante (cores prata ou dourada).
	Guarda-chuva de boa qualidade.
Sandália (discreta, salto de 4 cm).	Perfume sem excessos.

Fonte: Adaptado de Gomes, 2003, p. 99.

Cada empresa tem o seu *dress code*, ou código de vestir. Enquanto você não estiver familiarizado com ele, opte por cores neutras, trajes discretos e modelos clássicos para não comprometer sua imagem.

O mundo masculino não foge à regra e também deve se adequar às normas de apresentação no meio organizacional. O quadro a seguir aponta os principais itens a serem evitados.

Quadro 4.3 – Trajes proibidos para eles

Trajes	Acessórios
Calça *jeans* detonada.	Quando vestir terno, deve-se evitar gravatas com estampas de mulheres insinuantes ou de personagens de histórias em quadrinhos, desenhos ou *games*.
Calça de brim, com bolsos nas laterais, tipo militar.	
Camisa com grandes estampas, com brilho ou de bandas de *rock*.	
	Brincos.
Camisetas de publicidade ou de times de futebol.	*Piercings*.
Camisetas velhas, largas demais ou *baby look*.	Pulseiras.
Jaquetas camufladas ou com bordados (caveiras, asas).	Anéis.
Tênis, *dockside*, chinelos, sapatos brancos, cinza ou com cores muito fortes.	Cintos de *cowboy*.
	Celular pendurado na roupa.
	Carteira tipo capanga ou *pochette*.

Fonte: Adaptado de Gomes, 2003, p. 101.

Também para eles o excesso de informalidade não condiz com o ambiente de trabalho. O que é viável e corresponde de maneira geral às expectativas do mercado de trabalho está resumidamente apresentado no quadro a seguir.

Quadro 4.4 – O que eles devem usar?

Roupas	Acessórios
Calça de microfibra e gabardina (cinza, azul-marinho ou castor).	Cinto (preto ou marrom e nuanças de cores terrosas).
Calça de sarja ou de brim (bege, cinza e azul-marinho).	Meias (preta, marrom e azul-marinho).
Calça *jeans* comportada (escura).	Carteira de bolso (preta ou marrom).
Camisa listrada, xadrez.	

(continua)

(Quadro 4.4 – conclusão)

Camisa de tecido (em tons de azul, cáqui e terra – manga curta ou comprida).	Guarda-chuva neutro.
Camisa polo, bege, azul-marinho, azul clara.	Lenço limpo e passado.
Blazer (não se trata de paletó).	Perfume sem excessos.
Blusa de linha de seda, de manga curta.	
Blusa de tricô (cor neutra, para os dias de frio).	
Sapato tipo mocassim (preto ou marrom, sem detalhes).	

Fonte: Adaptado de Gomes, 2003, p. 102.

O ideal é que o código de vestir seja documentado pela empresa, para que os profissionais saibam o que se espera deles em relação aos seus trajes e acessórios. Como bom gosto e bom senso são relativos e subjetivos, isto é, variam de pessoa para pessoa, seria recomendável que as organizações formalizassem esse processo.

A comunicação eficaz

Por que nem toda mensagem que enviamos é compreendida por nosso interlocutor da maneira por nós pretendida? Porque, para que isso aconteça, é necessário que a comunicação tenha clareza, objetividade, concisão, credibilidade e coesão entre as ideias, aspectos que nem sempre conseguimos atender. Assim posto, podemos então definir comunicação eficaz como aquela que alcança seus objetivos ou, ainda, aquela em que a mensagem que desejamos transmitir é a mesma que foi recebida e interpretada pela outra pessoa. Podemos observar, conforme Bond e Oliveira (2008, p. 29), algumas características interessantes nesse processo:

» a comunicação torna-se mais autêntica quanto maior a intensidade da relação humana;
» quando existe harmonia entre as mensagens verbais e as não verbais, a comunicação tende a ser mais verdadeira;

> a autenticidade surge quando a comunicação existe sem interferências de máscaras sociais; e
> a comunicação dentro dos grupos deve ser aberta e positiva, para que seja transparente e única.

Tais informações são importantes para que possamos nos perceber e perceber também como ocorre o processo de comunicação no ambiente em que trabalhamos. Sempre existem formas de melhorar e aperfeiçoar o processo de comunicação, e comunicar-se continua sendo uma das melhores maneiras de transformar planos, projetos e ideias em realidade.

Para muitas pessoas, o processo de comunicação não é tão simples assim, em virtude de características da própria personalidade e até pela falta de experiência e de habilidade em articular e verbalizar pensamentos. As recomendações descritas a seguir oferecem dicas para aprimorar nossa comunicação e relacionamentos, tornando-os mais harmoniosos e eficazes (Bond; Oliveira, 2008, p. 26).

> Fale com as pessoas. Nada mais agradável e animador quanto uma palavra de saudação.
> Sorria para as pessoas. Acionamos 72 músculos para franzir a testa e somente 14 para sorrir.
> Chame as pessoas pelo nome. Para muitos, a música mais suave é ouvir o seu próprio nome.
> Seja cordial. Fale e aja com toda a sinceridade. Tudo o que você fizer, faça-o com prazer.
> Seja amigo e prestativo. Se você quiser ter amigos, seja amigo.
> Interesse-se pelos outros.
> Seja generoso em elogiar, cauteloso em criticar.
> Saiba considerar os sentimentos dos outros. Existem três lados numa controvérsia – o seu, o do outro e o lado de quem está certo.

- Preocupe-se com a opinião dos outros. Ouça, aprenda e saiba elogiar.
- Acredite em você. Valorize-se!

Essas dicas são primordiais para que desenvolvamos bons relacionamentos e para que nossa comunicação interpessoal flua naturalmente e demonstre a pessoa que somos e o que realmente desejamos transmitir aos outros.

Assertividade

A assertividade é a forma ideal de se comunicar. Ser assertivo não é ser autoritário nem prepotente. Ao contrário, é falar com segurança o que você pensa. Todos nós nos posicionamos de diversas formas diante dos outros, dependendo do cargo, da posição social ou profissional que ocupamos. Por exemplo, quando nos dirigimos a uma autoridade, geralmente nos colocamos num papel de submissão e inferioridade e, por isso, não conseguimos nos expressar adequadamente nem falar o que realmente desejamos.

Tomar uma posição assertiva é conseguir superar essas barreiras sem perder o respeito hierárquico, é defender nosso ponto de vista sem sermos pretensiosos ou arrogantes. As empresas apreciam esse tipo de característica em seus colaboradores, pois ela é necessária para se construir uma gestão participativa.

Muitas vezes preferimos desempenhar o papel de "bonzinho" com o intuito de não nos exporm nem sermos desaprovados. Mas fazer de tudo para agradar aos outros, tornando-se omisso, reprimindo ideias e opiniões, não é uma boa estratégia de desenvolvimento pessoal, pois não estaremos preparados para enfrentar os conflitos de maneira producente e conclusiva.

Por outro lado, uma postura muito autoritária, considerando a sua opinião como a única correta e não deixando espaço para troca de ideias, também não é a mais adequada, pois você acaba não respeitando os limites dos outros e sugere ser uma pessoa intolerante e impositiva demais, o que afastará as pessoas de você.

A assertividade é uma postura de equilíbrio que transmite tranquilidade e segurança para seu interlocutor. Implicitamente segue a mensagem que você respeita, não apenas nos seus próprios limites e direitos, mas também nos dos demais. Além disso, sua segurança demonstra que você não se deixa influenciar facilmente com elogios ou com chantagens e manipulações.

Fundamentalmente, para sermos assertivos, é necessário dominarmos o conteúdo da nossa fala – e isso só ocorre com uma boa pesquisa, treinamento e preparação. Num discurso eloquente, porém vazio, transparecem o nervosismo, o estresse, as inibições e a agressividade, naturais de quem não está adequadamente preparado para desempenhar uma boa comunicação. Se o objetivo é desenvolver sua assertividade, não há espaço para a improvisação e para o amadorismo.

Quem não se comunica se trumbica!

Perus são inimigos dos gambás porque estes matam os filhotes daqueles para comer. Uma perua ataca um gambá sem piedade para defender sua prole e, em geral, consegue colocar o malcheiroso para correr. Se colocarmos um gambá de brinquedo, feito de pano, perto de uma perua, ela o destruirá em minutos. Uma das experiências mais curiosas sobre o comportamento dos animais foi feita com um gambá e com uma perua e seus filhotes. Um biólogo amarrou um pequeno gravador no peito de um gambá, emitindo os piados de um filhote de peru, e o deixou perto de uma família dessas aves, cuja mãe, como sempre, estava zelosa e atenta a qualquer perigo. Entretanto ela não atacou o gambá, que continuava parecendo um gambá, caminhando como um gambá e, principalmente, cheirando como um gambá. Só que piava como um peruzinho. Foi o suficiente para ser aceito como tal. Esse é apenas um dos muitos exemplos da força da comunicação. Na outra mão, provavelmente um peru que imitasse o ruído de um gambá seria imediatamente repelido pelo grupo. Em resumo, você quer se dar bem com um peru? Pie como ele. Deseja se relacionar bem com um humano? Faça com que ele o entenda. Comunique-se. Quem se comunica costuma obter o que deseja. E quem não se comunica se trumbica. [...]

Fonte: Mussak, 2005.

A ausência de eficácia na comunicação é um dos aspectos determinantes do insucesso pessoal e profissional. A boa notícia é que essa habilidade pode ser aprendida, aperfeiçoada e dominada.

Estudo de caso

O gestor de um empreendimento contratou serviços de consultoria para auxiliá-lo a melhorar o processo de comunicação interna de sua empresa. Havia alguns problemas de comunicação (por exemplo, entre colaboradores, departamentos e até com clientes externos), mas, como eram ocorrências isoladas, estas não eram as principais preocupações desse gerente.

A situação mais urgente dizia respeito à comunicação entre ele e seus funcionários. Na maioria das vezes, suas ordens eram compreendidas de maneira contraditória, o que causava insegurança nos colaboradores ao desempenhar suas tarefas – e, por consequência, aumentava a irritação do gestor. O mais grave estava na forma como se comunicava: ele alterava sua voz e, juntamente com eventuais murros na mesa, berrava ordens de trabalho.

A sua falta de controle, aliada ao seu estilo arrogante de se posicionar perante os funcionários, desencadeou um sentimento geral de medo e desmotivação. Nenhuma ideia era boa o bastante, e sempre havia algo a ser duramente criticado nas atividades desenvolvidas. Como era de se esperar, o comprometimento da equipe com a empresa, abalada pelo sentimento de baixa autoestima, caiu significativamente, pois somente o gerente tinha razão, somente ele sabia a forma correta de desempenhar qualquer tarefa.

O estudo dos consultores revelou índices decrescentes de produtividade, elevados índices de rotatividade e funcionários desmotivados e sem iniciativa. O futuro da empresa estava seriamente comprometido.

Após refletir a respeito da situação exposta, procure responder:
1. Por que os colaboradores não conseguiram manter-se produtivos?
2. Qual seria sua reação caso você se deparasse com uma circunstância similar à apresentada acima?
3. Se você fosse um dos consultores contratados, quais recomendações você ofereceria ao gerente?

Síntese

Comunicação é um processo bastante complexo. Não é simplesmente abrir a boca e emitir um punhado de palavras para alguém. Junto das palavras que seu intelecto organiza, sua voz e seu corpo transmitem emoções. Quanto mais integradas estiverem a razão e a emoção, mais eficiente será a comunicação na convivência social.

Palavras, expressões faciais, gestos, posições corporais, escritas, desenhos, pinturas, silêncios, risos, roupas, vozes e muito mais constituem o universo da comunicação. Além disso, a comunicação envolve pessoas, e pessoas possuem sentimentos diversos que podem interferir positiva ou negativamente no processo de comunicação. Quando a comunicação não flui harmonicamente, a tendência é que surjam conflitos e mal-entendidos.

Os principais distúrbios de comunicação estão classificados em três grandes grupos: bloqueios, filtragem e ruídos. A autossuficiência, os preconceitos, o emprego incorreto de palavras, a dificuldade de expressão, o desconhecimento do assunto a ser transmitido pelo emissor, a insegurança e o nervosismo são alguns dos obstáculos que também interferem no processo de comunicação, mas podem ser reconhecidos e minimizados.

Na comunicação verbal, a palavra é o principal agente transmissor da mensagem. Atenção deve ser dada especialmente para definirmos o que pretendemos falar e para quem iremos falar. Já na comunicação não verbal, não podemos esquecer que nosso corpo "fala". É importante tomarmos consciência de nossas atitudes, gestos e expressões para que nossa linguagem não verbal esteja de acordo com o que queremos realmente expressar.

Nesse sentido, nossa imagem pessoal passa a ser relevante, uma vez que ela reflete não só a nossa personalidade, mas também caracteriza a mensagem que desejamos transmitir. No mundo corporativo, a imagem é imprescindível para o êxito profissional, tanto no seu ingresso como na sua carreira. Definir o que é ou não adequado trajar depende de bom senso e da circunstância. Não podemos esquecer, no entanto, que o como se vestir deve corresponder ao perfil da empresa e do cargo.

Por fim, a comunicação eficaz é aquela em que a mensagem que desejamos transmitir foi a mesma que foi recebida e interpretada pela outra pessoa. Para que isso aconteça, clareza, objetividade, concisão, credibilidade e coesão são alguns dos aspectos que devem ser priorizados no processo. A assertividade na comunicação é uma característica apreciada pelas empresas, pois, sem sermos pretensiosos ou arrogantes, defendemos nosso ponto de vista, transmitindo tranquilidade e segurança para o interlocutor.

Para saber mais

Se você deseja se aprofundar na leitura a respeito do processo de comunicação, consulte os livros indicados a seguir:

CLAYTON, P. *Linguagem do corpo no trabalho*. São Paulo: Larousse, 2006.
COHEN, D. A. *A linguagem do corpo*. Petrópolis: Vozes, 2009.
COOPER, A. A. *Imagem profissional*. São Paulo: Cengage Learning, 2008.
MACDONALD, J.; TANNER, S. *Aprenda a comunicar-se melhor no trabalho*. São Paulo: Planeta, 2006.
WOOD, P. *Os segredos da comunicação interpessoal*. São Paulo: Bertrand, 2007.

Os filmes relacionados a seguir são recomendados para que parte dos conceitos abordados neste capítulo sobre o processo de comunicação possam ser observados na prática:

DANÇA com lobos. Direção: Kevin Costner. EUA: MGM/Orion Pictures Corporation, 1990. 180 min.
O DIABO veste Prada. Direção: David Frankel. EUA: 20th Century Fox Film Corporation, 2006. 109 min.
O TERMINAL. Direção: Steven Spielberg. EUA: DreamWorks Distribution LLC/UIP, 2004. 128 min.
SIGNS. Direção: Patrick Hughes. 2009. 12 min 13 s. Disponível em: <http://www.youtube.com/watch?v=uy0HNWto0UY>. Acesso em: 2 jan. 2011.
UMA LINDA mulher. Direção: Garry Marshall. EUA: Buena Vista Pictures, 1990. 119 min.

Questões para revisão

1. A comunicação ocorre somente se houver a presença de alguns elementos essenciais. Um desses elementos é o contexto. Assinale a alternativa que melhor descreve esse elemento:

    a. É o meio utilizado para transmitir a mensagem.
    b. É o conteúdo a ser manifestado.
    c. É a empatia entre a fonte e o receptor.
    d. É a situação na qual ocorre a comunicação.

2. Os problemas de comunicação podem ser identificados e corrigidos. Eles se classificam em três grupos distintos. Assinale a alternativa que apresenta esses grupos:

    a. Psicológicos – técnicos – físicos.
    b. Comportamentais – físicos – técnicos.
    c. Psicológicos – ambientais – físicos.
    d. Ambientais – comportamentais – técnicos.

3. Comunicação não é o que você fala, mas o que o outro entende. A comunicação só ocorre de fato quando o outro compreende corretamente o que verbalizamos. Para que isso ocorra, alguns fatores devem ser observados. Com relação à observância desses fatores, marque (F) para as afirmações falsas e (V) para as verdadeiras e, em seguida, assinale a alternativa que corresponde à sequência correta:

    (   ) Formas de comunicação.
    (   ) Expressões faciais.
    (   ) Tecnologia utilizada para transmitir a mensagem.
    (   ) Tom de voz.
    (   ) Gestos.

a. V, F, V, F, F.
b. V, V, V, V, V.
c. F, V, F, V, V.
d. F, F, F, F, F.

4. O processo de comunicação acompanha a evolução do homem. Conforme o homem evoluiu historicamente, modificaram-se também as suas formas de comunicação e as tecnologias utilizadas para transmiti-la. Porém, mesmo que o processo de comunicação esteja continuamente se modificando e se aperfeiçoando com tecnologias cada vez mais avançadas, a comunicação também se expressa por meio do comportamento humano. Com base nessa exposição, reflita a respeito do uso incorreto de palavras e seu impacto no fluxo harmônico da comunicação.

5. Abrir o armário pela manhã e decidir o que usar para trabalhar é um suplício para muita gente. Porém, não há regra que possa ser aplicada igualmente a todas as áreas profissionais. Há diferenças entre empresas e cargos que devem ser respeitadas. Diante do exposto, explique por que a imagem que construímos de nós mesmos deve necessariamente ser adequada ao ambiente profissional no qual estamos inseridos.

capítulo 5
ferramentas de marketing pessoal

Conteúdos do capítulo

- As ferramentas de marketing pessoal;
- A construção do *networking*;
- O cartão de visita;
- A elaboração do currículo;
- A entrevista de seleção.

Após o estudo deste capítulo, você será capaz de:

1. utilizar adequadamente as ferramentas de marketing pessoal;
2. reconhecer os aspectos fundamentais para construir uma rede de relacionamentos;
3. compreender como o cartão de visita pode e deve ser utilizado;
4. elaborar o seu currículo de maneira profissional, de acordo com as oportunidades de colocação que surgirem;
5. aprimorar seu desempenho em uma entrevista de seleção.

O marketing pessoal, como vimos em capítulos anteriores, é um processo que, para ser bem-sucedido, depende não só do planejamento e da execução de ações múltiplas, mas também da sintonia dessas ações com as suas prioridades e aspirações pessoais. Ao fazer o diagnóstico pessoal e empresarial, você determinou um curso de ações para atingir seus objetivos. Agora, o mercado de trabalho precisa saber que você existe!

Com essa finalidade, o marketing pessoal dispõe de algumas ferramentas que podem ampliar em muito sua visibilidade no ambiente profissional. A ferramenta mais utilizada é o *networking*, que, em virtude dos resultados alcançados, ganhou em *status* e importância a despeito das demais alternativas. Mas trataremos igualmente sobre o cartão de visitas, a elaboração de um currículo e, finalmente, a preparação para uma entrevista de seleção – em última instância, são todos complementares. A seguir, veja como se beneficiar de cada uma dessas ferramentas.

A construção do *networking*

Networking é a palavra da moda que significa construir uma rede de relacionamentos. Entretanto, muito mais do que relacionamentos, *networking* pode ser considerado como a arte de construir alianças. Estão enganados aqueles que pensam que uma rede de relacionamentos é criada quando ligamos para todas as pessoas da nossa agenda somente quando precisamos de emprego. Na realidade, o verdadeiro *networking* começa muito antes da procura de uma colocação.

Para uma rápida avaliação de como está sua rede de relacionamentos, responda às três perguntas a seguir (Bomzer, 2002):

1. **Para que serve *networking*?**
    a. Para conhecer pessoas.
    b. Para conseguir uma colocação.
    c. Para ganhar dinheiro.
    d. Para seguir a tendência do mercado.
2. **Por que devo fazer *networking* com estranhos?**
    a. Para dizer às pessoas que estou à procura de um emprego.
    b. Para construir relacionamentos.

c. Para ser lembrado quando houver vagas e oportunidades de trabalho.
   d. Porque você ouviu dizer que é bom para sua carreira.
3. Ao fazer *networking*, você deve...
   a. falar sobre você.
   b. falar sobre o seu emprego ideal.
   c. fazer perguntas e estabelecer laços.
   d. falar sobre as tendências do mercado.

Se você respondeu a, b e c, respectivamente, você está no caminho certo. Mas por que é tão importante estabelecer uma rede de relacionamentos no desenvolvimento e no planejamento de nosso marketing pessoal? Pesquisas revelam que 80% das oportunidades de emprego não são anunciadas e que 34% das contratações de uma empresa são efetuadas por indicação de seus funcionários (Careerxroads, 2007). Mais ainda, de acordo com levantamento recente da empresa Drake Beam & Morin, especializada em consultoria de carreiras, 61% dos respondentes afirmam ter conseguido a nova colocação por meio de sua rede de relacionamentos. Essas estatísticas confirmam o motivo pelo qual o *networking* é constantemente citado como a maneira mais eficaz de se conseguir uma colocação.

Antes de mais nada, para eliminarmos qualquer dúvida inicial, é importante deixarmos claro o que não é *networking* (Catho Online, 2008; Gehringer, 2000):

» **Amigos** – *Networking* não se aplica a sua rede de amizades; é uma relação profissional em que os favores recebidos serão necessariamente retribuídos. É esse "toma lá dá cá" que sustenta a rede de contatos.
» **E-mail** – Mandar e receber *e-mails* caracteriza uma relação virtual informal que não pressupõe "auxílio profissional". *Networking*, ao contrário, exige obrigação recíproca no âmbito profissional.

> » **Organogramas** – Descobrir os nomes e os cargos dos diretores e gerentes de uma empresa não é *networking*, pois falta o ingrediente fundamental: o conhecimento mútuo.
> » **Dissimulação** – Uma rede de relacionamentos não se fundamenta na manipulação ou bajulação uns dos outros – essa é uma percepção equivocada. O verdadeiro *networking* ajuda a criar impressões favoráveis e duradouras a seu respeito.
> » **Obtenção de vantagem** – Fazer *networking* não é pedir favores. É, essencialmente, compartilhar interesses, obter informações importantes e aprimorar sua visibilidade no mercado de trabalho.

Como podemos construir uma rede de relacionamentos que nos traga os resultados desejados? Para algumas pessoas, essa habilidade é natural, e a rede se estrutura com mais facilidade. Para outros, no entanto, é mais complicado e exige paciência, mas não é impossível de ser construída. Com um pouco de determinação, planejamento e objetividade, todos nós podemos ter uma rede de relacionamentos eficaz. Com base nas sugestões de diversos consultores especialistas em *networking* (Darling, 2005; Gehringer, 2000; Jensen, 2003; Minarelli, 2004), além da minha experiência pessoal, acompanhe a seguir as principais dicas para desenvolver a sua rede de relacionamentos.

Quando iniciar seu *networking*?

Um aspecto positivo do *networking* é que não há restrições profissionais ou pessoais para adotá-lo, isto é, todas as pessoas envolvidas em qualquer que seja a atividade profissional ou círculo de amizades pessoais podem desenvolver sua rede de relacionamentos. No entanto, o melhor momento para criar sua rede de relacionamentos é antes de você precisar dela, ou seja, quando estiver empregado, principalmente porque bons relacionamentos levam tempo para serem construídos.

Quem participa do seu *networking*?

A maneira mais fácil de dar início ao seu *networking* é por meio de pessoas conhecidas. Muitos de nós, por exemplo, desconhecemos o paradeiro da maior parte de nossos ex-colegas de escola. Alguns deles podem ter progredido profissionalmente.

Uma outra forma é frequentar seminários, feiras e eventos, principalmente com atenção especial para o intervalo (*coffee break*), momento em que os contatos são estabelecidos. Para ser mais eficiente nos seus contatos e transmitir uma atitude profissional, não saia de casa sem seus cartões de visita. Mas preste atenção: não é a quantidade de pessoas que você conhece que é importante, mas sim a qualidade dos resultados que você pode obter a partir desses relacionamentos. Ao selecionar seu alvo, pergunte-se, por exemplo: "Quem são os tomadores de decisão?", "Quem pode efetivamente me ajudar, e como?", "Quão influente essa pessoa é no seu meio?". E não tenha receio de variar nos segmentos de atuação do seu contato.

Um portfólio diversificado aumenta as possibilidades de sucesso. Para você não perder seu foco em meio a tantas informações e possibilidades, o ideal é organizar um banco de dados no computador, relacionando as empresas e pessoas de seu interesse. Quanto mais planejamento você fizer, tanto mais próximo você estará de atingir seu objetivo.

Atitude e linguagem corporal adequadas ao *networking*

Quando você faz um contato pessoal, há dois fatores preponderantes a serem observados: sua atitude e sua linguagem corporal.

São atitudes propícias ser caloroso, entusiasmado, descontraído, curioso, prestativo, paciente e interessado com a outra parte.

Já no que se refere à linguagem corporal, há quatro elementos que contribuem para transmitir uma imagem positiva: manter as palmas das mãos abertas, fazer contato visual, dar um sorriso acolhedor e oferecer uma saudação em tom agradável, chamando a pessoa pelo nome. Saudações personalizadas transmitem uma reconfortante sensação de familiaridade. Além disso, repetir o nome de seu interlocutor após vocês terem sido apresentados demonstra que você está prestando atenção na conversa.

Voce pode precisar treinar essas duas habilidades com familiares e amigos até que você se sinta confortável para fazer um contato pessoal de maneira natural e produtiva.

O diálogo para a criação de uma rede eficaz

Não basta ser apresentado a um contato em potencial. A criação de uma rede eficaz requer diálogo. Isso é possível por meio da troca de informações que auxiliam um ao outro no estabelecimento de uma conversação.

Uma maneira simples de fazer isso é adicionar detalhes a sua saudação: "Olá, eu sou a Fernanda e sou formada em Comércio Exterior." Isso amplia sua saudação e proporciona uma oportunidade para o ouvinte responder, por exemplo: "Onde você estudou?". Ajuda muito você conhecer seus pontos fortes para colocá-los em evidência, sem arrogância, durante as conversas profissionais.

Você também pode usar a técnica de fazer perguntas, ao invés de narrar. Use perguntas em aberto – aquelas que começam com "o que", "quem", "quando", "por que", "como", "onde". Por exemplo, perguntas como: "Onde concentro minha busca?", "O que você faria se estivesse em meu lugar?", "Com quem eu falo?". Diante de um pedido, a maior parte das pessoas gosta de dar conselhos, orientações ou informações e se sente envaidecida quando tem a oportunidade de ajudar. Só não peça emprego ou dinheiro. E sempre agradeça e dê retorno a quem ajudou você, mesmo quando os resultados não foram os esperados.

Saiba ouvir

Seja um ouvinte ativo. Em outras palavras, significa que você deve realimentar a conversa, dando indícios de que você ouviu e compreendeu o que lhe foi dito. Um exemplo simples seria: a pessoa A diz: "O mercado de trabalho está muito competitivo"; a pessoa B responde: "De fato, tenho percebido muitas pessoas qualificadas à procura de emprego".

Dessa forma, você se torna um ouvinte ativo, que participa da discussão. Lembre-se de que as pessoas gostam de saber que estão sendo ouvidas. Todos gostam de se sentir importantes.

Saiba quando fazer contatos

Quando você abordar uma pessoa e perceber que a química pessoal não está funcionando, encurte a conversa e parta para outra. Não seja insistente e não imponha a sua presença em território hostil por mais do que cinco minutos. Se aquele não foi um bom momento para conversar, respeite o tempo e o direito a não ser incomodado da outra parte. Você não quer ser lembrado como "aquele chato de galochas".

Outras oportunidades mais convenientes irão surgir. Seja paciente e compreenda que a pessoa pode não estar em um de seus melhores dias.

Saiba como fazer contatos

Há casos em que um *e-mail* ou um rápido telefonema podem ser tão eficientes quanto um encontro pessoal. No entanto, prefira os *e-mails* para enviar documentos ou oferecer instruções, sem exageros. Um simples telefone, nas mãos de quem sabe usá-lo, torna-se um valioso instrumento para obter acesso a informações e fazer novas amizades, ao mesmo tempo. Você vai se surpreender como pessoas que são apenas um pouco hierarquicamente superiores a você são mais receptivas a suas solicitações, pois muitos ainda guardam na memória a lembrança de suas próprias experiências e dificuldades profissionais.

Saiba alimentar sua rede de relacionamentos

Fazer *networking* não é um ato egoísta que você faz somente quando precisa de alguma coisa ou de alguém. Pertencer a uma rede de relacionamentos implica estabelecer laços de comunicação que podem se revelar mutuamente benéficos. Portanto, em nenhuma hipótese peça alguma coisa no primeiro contato. Evite coisas do tipo: "Oi, seu Mascarenhas, eu sou amiga do Cunha, que trabalhou com o senhor na agência de propaganda. Lembra? Eu estou precisando de um favorzinho seu. Será que não dava para...".

Algo tão importante quanto não cometer esse erro de principiante é não se esquecer de investir seu tempo na alimentação do princípio da rede de relacionamentos, ou seja, sirva de conexão e apresente duas pessoas que possam se beneficiar reciprocamente, mesmo que você não tenha nenhum benefício direto ou imediato.

Saiba ser proativo

Um bom *networking* requer iniciativa e regularidade. Não espere que o procurem. Seja proativo e faça contatos – nem todas as conversas precisam ser agendadas ou ter um objetivo específico. Ligue, procure, demonstre interesse pelas pessoas, pergunte como elas estão. Quando um nome surgir numa conversa, telefone para dar um "alô" à pessoa e diga que ela foi lembrada.

O maior desafio do *networking* não é conhecer pessoas, mas, sim, manter o contato aberto ao longo do tempo. Você pode ser apresentado a uma pessoa muito importante numa conferência, mas a relação se perde se você não mantiver contato. Lembre-se: *networking* nada mais é do que relações pessoais. E todos os relacionamentos requerem alguma quantidade de tempo e atenção.

A reciprocidade no *networking*

Procure manter-se sempre bem informado, leia muito, ouça mais ainda e, quando for solicitado, não sonegue informações às pessoas da sua rede. A base do *networking* é a reciprocidade.

A princípio, as técnicas de *networking* podem parecer entediantes e artificiais, mas, com a prática, passarão a se tornar um hábito cada vez mais espontâneo em você. Assim como outras atribuições, fazer *networking* deve ser considerado como uma competência que pode ser aprendida e aprimorada. O mais importante é lembrar que sua rede de relacionamentos é uma via de mão dupla. Ela deve beneficiar ambas as partes para ser bem-sucedida. Assim como você espera obter ajuda quando precisa, esteja preparado para retribuir o favor quando solicitado.

Os erros mais frequentes do *networking*

Os contatos da sua rede de relacionamentos não são uma fonte de uso e abuso ilimitados. Como em toda e qualquer atividade social, existem algumas regras básicas que, quando aplicadas com um pouco de bom senso e coerência, vão evitar o desgaste desnecessário da relação. Na ânsia de vermos nossos problemas profissionais resolvidos e também para não perder a oportunidade desse encontro, normalmente jogamos para o nosso contato uma enxurrada de solicitações, problemas, receios, reclamações e frustrações que nos perturbam. Agindo dessa forma, ao invés de contarmos com um aliado em potencial, afugentamos nosso interlocutor. Um contato do seu *networking* não pode ser confundido com um psicoterapeuta – seja comedido e poupe os ouvidos dele.

Além disso, cometemos diversos outros erros na utilização de nossa rede de relacionamentos. No *box* a seguir, confira os erros mais frequentes do *networking*.

Os 13 erros mais frequentes do *networking*

Saiba quais são os erros mais comuns na construção de um *networking* para que você não os cometa.

1. **Esperar surgir a necessidade**
   Muitas pessoas só pensam na própria rede de relacionamentos quando perdem sua colocação. Um *networking* eficaz é construído enquanto você está empregado.

2. **Falta de objetividade**
   Tenha claro o motivo que o leva a participar de um evento para fazer *networking*. Você está procurando um emprego? Qualquer um serve? Você está em busca de ampliar seus relacionamentos? Ou procura um mentor para orientá-lo? Se você não sabe o que quer, seus contatos serão ineficazes.

3. **Não estar preparado**
   Achar que você sabe o que quer não é a mesma coisa que sabê-lo. Para fazer um bom *networking*, você precisa treinar a maneira como vai se aproximar das pessoas, bem como pensar nas respostas que vai dar para as eventuais perguntas a respeito de seus objetivos profissionais.

4. **Esquecer seus cartões de visita**
   Nada é mais constrangedor, após um contato extremamente profícuo, do que procurar um guardanapo para escrever

seu telefone e *e-mail*. Providencie cartões e não se esqueça de tê-los sempre com você.

5. **Usar *e-mails* excêntricos**

Seu nome deve, preferencialmente, ser seu endereço de *e-mail*. Nada de "bigbrother" ou "fadinha88" no *e-mail* usado profissionalmente.

6. **Ser arrogante**

Escute o que os outros têm a dizer. As pessoas ajudam oferecendo conselhos.

7. **Monopolizar o tempo das pessoas**

Não monopolize o tempo do seu interlocutor. Nos eventos, todos querem misturar-se e sociabilizar-se. Quando você se comunicar por telefone ou *e-mail*, entenda que a pessoa com quem você está falando tem uma vida que se estende para além de você.

8. **Vestir-se inadequadamente**

Um evento destinado para *networking* não deixa de ser um ensaio para uma entrevista de emprego. Portanto, capriche nos seus modos, na sua postura, na sua atitude e na maneira de se vestir.

9. **Não se destacar**

Pessoas bem relacionadas e com poder conhecem muita gente, mas só se lembram daqueles que conseguem se destacar dos demais. Sem exagerar, seja assertivo e positivo para ser lembrado como uma pessoa autoconfiante, e não prepotente.

10. **Ser passivo**

Se alguém diz "Não temos vaga no momento!", não deixe a conversa acabar. Seja persistente, demonstre interesse, faça perguntas para obter informações adicionais, tais como: "Quais as perspectivas para o futuro? Você saberia me indicar alguém que pudesse ter uma oportunidade? Você poderia me aconselhar quais passos tomar no futuro?".

11. **Mentir**
Não caia na tentação de contar uma mentirinha, dizendo: "Fulano me deu seu nome e me disse para ligar." Você pode até conseguir agendar o encontro, mas, eventualmente, ele vai saber que "Fulano" não indicou você. Agindo assim, de uma só vez você vai perder dois contatos.

12. **Usar as pessoas**
Ninguém gosta de se sentir usado. Sempre retorne para o seu contato, por telefone ou *e-mail*, seja para agradecer, seja para informar se a sua sugestão deu resultado. Nunca se sabe quando seus caminhos irão se cruzar novamente.

13. **Esquecer-se de onde você veio**
Não importa o resultado, *networking* é uma via de mão dupla. Retribua o favor que você recebeu ajudando alguma outra pessoa em seu *networking*.

Fonte: Adaptado de Woog, 2008.

O cartão de visita

Imagine a cena: você está num evento em que encontra pessoas que têm os mesmos interesses que você e com as quais gostaria de manter futuros contatos. Prontamente, você passa o seu *e-mail*:

– Anota aí: Deborah sem acento, com "h" no final, sinal de menos, Kowalewski arroba Kowalewski ponto com, sem o "br".
– Como?! Deborah Kowa o quê?
– Calma, é fácil. Eu vou soletrar. K-O-W-A...

Infelizmente, situações como essa ainda acontecem com muita frequência e são, no mínimo, desconfortantes. Entretanto, podem ser evitadas: basta ter à mão o velho e tradicional cartão de visita.

Sim, esse pedacinho de papel ainda é usado e tem uma função muito importante na construção de seu *networking*: divulgação!

Nunca se sabe quando e onde surgirão oportunidades profissionais, e você quer ser lembrado e contatado nessas ocasiões. Além da praticidade, ao oferecer seu cartão, você está fazendo um convite para que o seu interlocutor também lhe estenda o dele, ou seja, você acaba de adicionar mais um contato em potencial à sua rede de relacionamentos.

Se você não costuma usar cartões de visita, mas está inserido num ambiente profissional e pretende ampliar seu *networking*, está na hora de reconsiderar esse comportamento. Juntamente com sua aparência pessoal, o cartão é um dos elementos que compõem sua identidade visual. Ele desempenha um papel crucial no processo de marketing pessoal, e sua função vai além de apenas transmitir as informações nele impressas. Um cartão feio, sujo, impresso em papel perfurado (aquele formulário vendido em papelarias para imprimir cartões em casa) e com correções feitas a caneta demonstra que você é um amador. Não importa quão maravilhoso possa ser o seu currículo: se o seu cartão acusa justamente o contrário, suas possibilidades estão comprometidas.

Alguns cuidados devem ser observados para tornar mais efetivo o uso do cartão de visita. Antes de fazê-los, considere as recomendações selecionadas a seguir, que foram oferecidas por diversos consultores da área (Campos, 2006b; Sanchez, 2008; Scoble, 2006; Sheldon, 2007).

Utilize os serviços de uma gráfica

Um cartão limpo, criativo e impresso profissionalmente é visualmente atraente e transmite uma impressão positiva que se estende por muito mais tempo além do primeiro encontro. Consulte os preços nas gráficas e você irá se surpreender como os custos envolvidos são pequenos; quanto maior a quantidade de cartões impressos, menor o preço unitário.

Além do mais, você receberá orientação sobre os formatos padronizados existentes, que permitem que os cartões sejam arquivados em fichários ou digitalizados. O formato mais frequentemente utilizado é o ID-1, definido pela norma ISO 7810, que mede 85,6 mm × 53,98 mm.

Modelos de cartão de visita

O cartão de visita é parte integrante de sua marca pessoal. Um bom *designer* gráfico pode fazer seu cartão se sobressair dos demais e transmitir a imagem que você deseja pela utilização de uma textura de papel e/ou materiais diferenciados, ou pelas fontes, cores e disposição gráfica das informações. Há muitas novidades nesse campo: cartões com mensagens em braille (mesmo que ninguém leia, todos vão se lembrar de você), com cantos arredondados, cartões em plástico rígido transparente, material emborrachado, metalizado ou em formato de mini-CD, entre outras opções.

Caso o seu orçamento não lhe permita consultar esse profissional, prefira modelos sóbrios com fonte legível, primando pela simplicidade, sem misturar cores ou fontes, evitando incluir imagens de *clip-art*. Não caia na tentação de ser diferente sem o apoio de um profissional – as chances de você cometer erros capitais nesse caso são enormes.

Evidencie seu nome

Dê destaque para o seu nome, deixando espaço livre para que o seu interlocutor faça anotações que referenciem a conversa que teve com você – esse é um hábito que facilita associar o cartão à pessoa, mesmo depois de muito tempo do encontro propriamente dito. Faça o mesmo com os cartões que você recebe – não confie apenas em sua memória.

Informações necessárias

O principal propósito do cartão é permitir que você seja lembrado e contatado. Portanto, inclua todas as informações necessárias para acessá-lo, como seu nome completo, profissão, endereço físico, números de *fax*, telefones fixo e celular, além do *e-mail*. Dependendo da sua área de interesse profissional, é facultativo fornecer o URL da sua página pessoal, LinkedIn ou *blog*, contatos do Skype e do Microsoft MSN®.

No entanto, uma frase ou *slogan* descrevendo seu diferencial ou atividade (por exemplo, administrador de empresas com experiência internacional) é um adicional bem-vindo. Uma dica importante: prefira utilizar seu nome nos endereços eletrônicos em vez de apelidos estranhos, que devem ser preferencialmente utilizados somente em seu círculo de amizades mais próximas.

Confira os dados

Antes de mandar imprimir os cartões, certifique-se de que todos os dados estão precisos e corretamente escritos. E não se esqueça: sempre que uma das informações mudar, faça novos cartões – cartões corrigidos com caneta dão uma péssima impressão.

Acondicionando seus cartões

Uma vez de posse dos cartões, adquira um porta-cartões para guardá-los e mantê-los limpos, desamassados e facilmente acessíveis. Não importa se o evento é de caráter profissional ou pessoal, tenha-os sempre com você e os distribua. É recomendável ter um estoque de reserva em casa, no escritório, no seu carro e também na pasta do seu *notebook*.

Distribuição dos cartões

Qualquer que seja a ocasião, sempre distribua seus cartões com empenho e seriedade. Se você entregar seu cartão de forma displicente, estará transmitindo uma mensagem que denota pouco interesse no interlocutor.

Uma boa maneira é iniciar uma conversa perguntando o que a pessoa faz. Normalmente, a resposta vem acompanhada de um cartão. Esse, então, é o momento ideal para você entregar o seu. Se o indivíduo que você tem interesse em abordar está sendo muito solicitado por outras pessoas, espere uma circunstância mais adequada, na qual você poderá captar sua atenção e, aí sim, trocar cartões.

Recebendo cartões de terceiros

Quando receber o cartão de visita de alguém, não o guarde imediatamente. Em vez disso, mantenha-o em sua mão enquanto você fala com o seu interlocutor ou então o coloque sobre a mesa e tente estabelecer uma conversa com base nas informações do cartão. Assim que possível, anote no cartão recebido alguma referência que lhe permita lembrar a ocasião e associá-la a essa pessoa para tornar mais efetivos os futuros contatos.

Um cartão de visita que atinge seu objetivo deve despertar no portador a lembrança do contato que ele teve com você sempre que precisar de algo que você tenha oferecido com credibilidade e profissionalismo.

Dez dicas para obter o maior retorno dos seus cartões de visita

Cartões de visita são uma poderosa ferramenta de marketing pessoal. Para que eles gerem o maior retorno possível, dez recomendações básicas devem ser observadas:

1. Imprima numa gráfica.
2. Se puder, consulte um profissional de *design*.
3. Use formatos padronizados para que seu cartão possa ser armazenado.
4. Inclua todas as informações básicas para você ser encontrado.
5. Seja diferente, mas sem exagerar.
6. Saiba quando imprimir pequenas quantidades de cartões diferenciados para ocasiões especiais.
7. Confira detalhadamente se tudo está escrito corretamente.
8. Menos é mais – simplicidade é a chave.
9. Dê destaque para seu nome.
10. Cuide bem de seus cartões – leve-os em um estojo rígido.

Fonte: Campos, 2006b.

Preparando seu currículo

Vamos considerar que sua rede de relacionamentos esteja lhe trazendo os resultados esperados, e você foi convidado a enviar seu currículo para avaliação e posterior agendamento de uma entrevista de seleção. Esse é o momento que você esperava para consolidar a boa imagem que seu cartão de visita transmitiu. Dessa forma, o ideal é que a comunicação visual de ambos – cartão e currículo – seja uniforme, para que sua mensagem continue sendo a mesma – credibilidade e profissionalismo.

Além disso, lembre-se de que é por intermédio do seu currículo que o futuro empregador vai conhecer você antes mesmo da entrevista. Na verdade, um currículo bem elaborado apresenta você de maneira eficaz e faz toda a diferença entre ser chamado para a entrevista ou não.

Mas como se faz um bom currículo?

A elaboração de um currículo deve ser planejada com muito critério, objetividade e bom senso, pois o tempo dos selecionadores está cada vez mais escasso, e o volume de candidatos cada vez maior. As duas questões fundamentais de um currículo são o conteúdo e a formatação. Para saber quais são os principais cuidados que você deve ter no planejamento de cada um desses aspectos, leia a seguir.

Conteúdo de um currículo

Já foi o tempo em que um currículo com um calhamaço de páginas era sinônimo de qualificação superior para o cargo. Hoje, ninguém mais possui tempo e paciência para ler um compêndio sobre a sua vida.

Ao contrário, os modelos atuais de currículo primam pela clareza, concisão, honestidade e organização. Normalmente, possuem de uma a três páginas, dependendo da formação e da experiência do candidato, não mais que isso.

Via de regra, não há um modelo padrão. O ideal é que o candidato selecione e personalize o conteúdo de seu currículo de acordo com o perfil, as necessidades e os requisitos solicitados. Em outras palavras, é preciso evidenciar os aspectos da vida profissional que mais possam ser de interesse do empregador. Cada candidato e cada empresa são uma situação especial.

Algumas sugestões de caráter geral, referentes ao conteúdo e à organização das informações, estão compiladas a seguir (United States Department of Labor, 2007a; Campos, 2006a; Via Estágios, 2008).

Cabeçalho

» No alto da página, evidencie seu nome, seguido de dados para contato e informações pessoais básicas (como data de nascimento e estado civil). A filiação e os números dos documentos não são necessários, exceto se forem solicitados. Caso seja relevante para o empregador, coloque-os abaixo do seu *e-mail*, e forneça também a URL de sua página pessoal, caso possua.

Objetivo profissional

» O primeiro subtítulo deve conter uma breve descrição do tipo de trabalho que você está procurando ou um resumo de suas qualificações que descreva e enfatize, em poucas linhas, suas habilidades e perfil profissional. Lembre-se de que nem tudo o que você sabe interessa ao empregador. Procure mencionar aquilo que ele espera de você, sem faltar com a verdade. Se o seu objetivo ou sua qualificação profissional não forem compatíveis com a vaga ofertada, seu currículo será descartado.

Formação e cursos de aperfeiçoamento

» Nesse item, informe sua formação acadêmica, começando pelo mais alto título obtido e o ano de conclusão. Seguindo do mais recente para o mais antigo, mencione ainda cursos de aperfeiçoamento que enfatizem seu diferencial e que possam ser relevantes para a posição pretendida, como cursos de informática ou de formação profissional. Mantenha o discernimento para não perder a objetividade nem encher seu currículo com cursos que não terão importância na seleção. Dificilmente seu empregador vai ter interesse em saber onde você fez seu ensino de primeiro e de segundo graus ou onde você aprendeu a tocar violão, a não ser que esses cursos tenham sido feitos no exterior, por exemplo.

Experiência profissional

» Sua experiência profissional recente – incluindo empregos, estágios e trabalho voluntário – é lançada nesse item. Para cada trabalho, detalhe o nome do empregador, o período de vínculo, a função desempenhada e uma breve descrição de suas principais responsabilidades e realizações. Saliente aspectos que possam interessar particularmente ao empregador. Aqui, a ordem cronológica também tem início pelo mais recente.

Informações complementares

» Esse item é o espaço oportuno para você declarar suas habilidades especiais, desde que sejam pertinentes com a posição desejada, como fluência em idiomas estrangeiros, intercâmbio no exterior ou domínio de alguma ferramenta de informática. Ainda, conforme o caso, dirigir e ter carro próprio podem ser diferenciais do candidato. O currículo não é o local adequado para informar seus *hobbies* ou passatempos – eventualmente, durante a entrevista, essa informação pode ser solicitada.

» Atenção! Pretensão salarial, documentos comprobatórios, fotografia e referências somente são apresentados quando explicitamente requeridos pela empresa contratante. Limite-se a atender ao solicitado quando enviar seu currículo. Quando for necessário, boas fontes de referência podem ser ex-empregadores, professores e colegas de trabalho em função hierárquica superior àquela que você exerce. Assinar ou rubricar o currículo também é desnecessário.

Atualizações

» As informações do currículo devem estar atualizadas. Esse documento não pode conter rasuras ou correções feitas com caneta. Toda vez que alguma informação precisar ser alterada, imprima uma nova versão – não entregue currículos fotocopiados.

> » Antes de imprimir a versão final, revise detalhadamente a ortografia e a gramática empregadas – nessa tarefa, é recomendável pedir ajuda a um revisor profissional, colegas ou amigos que dominem bem nosso idioma. Erros de português, de concordância e até mesmo de digitação no currículo são imperdoáveis. Você pode ser eliminado antes mesmo de ter a chance de justificar o erro. Atenção especial para o novo acordo ortográfico da língua portuguesa que entrou em vigor recentemente.

Formatação

A não ser que você seja um *expert* em comunicação visual, é muito fácil cometer erros imperdoáveis de formatação com as ferramentas disponíveis nos editores de texto dos computadores atuais, erros que podem desclassificá-lo mesmo antes da entrevista na tentativa de chamar a atenção do selecionador para o seu currículo. Observe os seguintes pontos atentamente (Rith, 2006):

» Evite utilizar papéis coloridos ou com acabamentos "especiais" que imitem linho ou pergaminho. Geralmente, eles não causam a boa impressão que você imagina. Para não errar, prefira sempre papel branco e liso, de gramatura não superior a 90 g/m^2.

» A maior parte dos currículos é digitada em fonte Times New Roman, que era a fonte padrão do editor de textos da Microsoft® (desde o Word® 2007, a fonte padrão é a **Calibri**). Se a ideia é ser diferente dos demais e ainda manter uma configuração que inspire profissionalismo, considere utilizar outras fontes como **Arial**, Century Gothic, **Georgia**, **Tahoma**, Trebuchet e **Verdana**.

Alessandra da Silva Cavalcanti

Rua das Oliveiras, 324, ap. 21 . Centro
CEP 86000-000 . Londrina . PR

(43) 9999-9999 nascida em 19 de agosto de 1984
acavalcanti@hotmail.com casada, 1 filho

objetivo profissional

formação e cursos de aperfeiçoamento

experiência profissional

informações complementares

Nota: Os dados utilizados neste modelo de currículo são fictícios.

» Currículos com fonte inferior a 10 pontos correm o risco de não serem lidos. A crença de que letra miúda torna o currículo mais elegante e refinado não se aplica ao mundo empresarial. O mesmo cuidado deve ser empregado na escolha da cor da fonte. São apenas duas alternativas: preto ou cinza escuro (75% ou superior).

» Em hipótese nenhuma acrescente bordas decorativas, corações ou ilustrações em seu currículo. Se você quer personalizar seu documento, limite-se a escrever seu nome e subtítulos em negrito ou em fonte um pouco maior do que a utilizada no corpo do currículo.

» Não inove no tamanho do papel nem no formato de impressão: utilize papel A4, impresso no modo retrato. Normalmente, a primeira pessoa a analisar seu currículo é um funcionário da área de Recursos Humanos que manuseia centenas de currículos diariamente, e estar fora dos padrões dificulta a avaliação inicial. Facilite o trabalho de seleção não imprimindo no modo paisagem, pois ninguém quer virar seu currículo de lado para poder lê-lo.

Na opinião de Augusto Campos (2006a), administrador e gerenciador de projetos que analisa dezenas de currículos por ano,

> nem sempre o candidato com o currículo mais caprichado leva vantagem na seleção para uma vaga de emprego ou estágio, mas é comum que aqueles que enviam um currículo desleixado ou incompleto acabem ficando para trás, porque as informações essenciais para a tomada da minha decisão acabam não estando tão acessíveis ou visíveis quanto deveriam – e isso certamente diz alguma coisa sobre o profissional que enviou aquele documento.

Um currículo mal-elaborado ou excessivamente rebuscado não incentiva o avaliador a fazer uma leitura cuidadosa. Ao contrário, é um estímulo para uma análise apressada, aumentando as chances de seu currículo ser colocado na pilha de descarte.

Pesquisa revela o que as empresas mais valorizam no currículo

A empresa Right Management, de consultoria organizacional, realizou uma pesquisa para identificar a opinião das empresas sobre os currículos recebidos. Confira os principais aspectos a seguir:

- 67% das empresas consultadas avaliam a conjugação verbal impessoal como mais adequada.
- 70% das empresas não consideram apropriado o candidato se autoavaliar ("excelente relacionamento interpessoal" ou "grande habilidade de liderança e comunicação").
- 15% consideram importante constar no currículo nomes para referências.
- 24% valorizam a prática de esportes.
- 58% valorizam ações de trabalho voluntário.
- 67% valorizam prêmios recebidos.
- 64% das empresas recomendam que somente as viagens de cunho profissional sejam mencionadas no currículo.
- Nenhuma empresa acha apropriado o candidato incluir a assinatura no currículo.

Fonte: Adaptado de Sato, 2008.

A entrevista de seleção

Parabéns! As informações no seu currículo chamaram a atenção do seu empregador em potencial, e você conseguiu uma entrevista para um novo emprego. Isso significa que você levou a melhor sobre o grupo que não foi selecionado para a entrevista. Porém, há uma segunda etapa a vencer. Para o empregador fazer a melhor escolha, ele agora precisa conhecer todos os candidatos pessoalmente.

De maneira prática, a entrevista é, para você, a oportunidade de eliminar os concorrentes. Para o entrevistador, é o momento para analisar o que você fala e como você fala e também para obter maiores detalhes a respeito da sua formação e experiência. No entanto, os critérios de avaliação costumam variar muito. Enquanto a experiência é essencial para uns, a formação e as habilidades são mais importantes para outros. Há ainda aqueles que combinam experiência com formação e habilidades. Como não existe maneira de saber o que se passa na mente do avaliador (ou avaliadores), você deve se empenhar para causar uma imagem positiva e chegar mais perto de garantir a nova colocação. Como vimos em capítulo anterior, você pode não ter uma segunda chance para causar uma primeira boa impressão. Não desperdice essa oportunidade: prepare-se!

É quase impossível saber quais perguntas serão feitas durante a entrevista, mas isso não é desculpa para não se organizar. Ao contrário, existem alguns assuntos que são mais suscetíveis de serem questionados – por exemplo, suas habilidades para realizar o trabalho em vista, sua experiência anterior (ou a falta dela), pausas na carreira profissional ou alguma outra informação particular que consta em seu currículo. Há ainda as clássicas, que são o terror de todo candidato: "Fale-me sobre você.", "Qual é o seu maior defeito (ou qualidade)?", "Por que você quer este emprego?" ou, ainda, "Como você gostaria de estar em sua carreira profissional daqui a cinco anos?". Jamais fale mal do seu último empregador (nem mesmo na sala de espera!); se esta foi uma experiência negativa, é a chance de você demonstrar que soube transformar uma adversidade em um aprendizado para o futuro – sem falar que discrição profissional é condição indispensável no mercado de trabalho.

O segredo é refletir a respeito de todas as possibilidades com antecedência e elaborar respostas precisas e de caráter profissional. No dia da entrevista, você estará naturalmente nervoso para pensar, "do nada", em um argumento convincente. Não corra esse risco desnecessariamente. Uma boa fonte de inspiração pode ser encontrada no artigo *Entrevista de emprego: perguntas e como responder* (Partes 1 e 2), elaborado por Campos (2008a, 2008b). No artigo são sugeridas respostas adequadas a perguntas sobre diversos assuntos, como você e suas ambições, a vaga e a empresa, a empresa anterior, além das famosas "pegadinhas". Procure adaptá-las a sua situação específica e treine em frente ao espelho ou com amigos e parentes, para que você aja com naturalidade no dia específico – tão ruim quanto não estar preparado é ter respostas que soam falsas ou decoradas.

> Para ler as duas partes do artigo na internet, acesse os endereços: <http://www.efetividade.net/2008/01/17/entrevista> e <http://www.efetividade.net/2008/01/18/entrevista-de-emprego>.

Entretanto, há outros aspectos não menos importantes que merecem ser considerados para que você seja bem-sucedido nesse grande dia. Para facilitar sua preparação, os tópicos mais importantes são abordados em três etapas: o que fazer antes, durante e após a entrevista (United States Department of Labor, 2007b). Acompanhe a seguir.

Antes da entrevista

É fundamental fazer uma pesquisa a respeito da empresa que oferece a vaga antes da entrevista. Primeiramente, o objetivo é você formar uma ideia do que esperam da pessoa que vai trabalhar nessa função – isso vai ajudá-lo a formular melhor suas respostas. Em segundo lugar, serve para fazer perguntas pertinentes ao seu avaliador – se você fez uma investigação prévia a respeito da empresa, seus questionamentos irão refletir esse conhecimento e demonstrar que você está realmente interessado.

E quais devem ser as **informações** que você deve buscar?

Procure saber, por exemplo, a respeito da história da empresa, sua origem e nacionalidade, em que países atua, quais são seus produtos, serviços e clientes, quantos funcionários possui, como os departamentos estão organizados, quem são os principais concorrentes – e não se esqueça do cargo e do nome do seu entrevistador (e de como pronunciá-lo corretamente). Você pode obter informações preciosas e recentes na internet, em jornais, revistas especializadas ou entidades, como associações comerciais, federações de indústrias, conselhos regionais, entre outros, de acordo com o segmento de atuação da empresa. Informação nunca é demais. Além disso, pesquisar dados a respeito da instituição ajuda você a estar preparado para o caso de lhe perguntarem na entrevista: "O que você sabe a respeito da nossa empresa?".

Parece uma preocupação óbvia, mas muitos candidatos deixam o planejamento da logística de transporte para o dia da entrevista. Para não correr o risco de se atrasar, obtenha o endereço do local onde você será entrevistado e planeje previamente o itinerário. Se você for de ônibus, informe-se a respeito das linhas e dos respectivos horários para chegar ao seu destino. Se você for de carro, certifique-se das possibilidades de acesso e estacionamento próximos ao endereço. Chegar atrasado a uma entrevista, além de desorganização, demonstra que você não está priorizando o compromisso em sua agenda. Se há um horário marcado, cumpra-o em sinal de respeito ao seu recrutador.

Organize uma pasta para levar com você na entrevista. Nela podem ser anexadas versões originais adicionais de seu currículo, amostras de trabalhos relevantes que você executou e que tenham relação com essa oportunidade de emprego, uma lista de referências com nomes completos, telefones e *e-mails* e, ainda, um bloco para anotações durante ou depois da entrevista.

Para não errar na escolha do traje que você vai usar no dia da entrevista de emprego, é recomendável fazer uma visita prévia às instalações ou ao escritório da empresa. Observe o que estão vestindo os outros funcionários em cargos similares ao que você está pleiteando. Mas preste atenção: evite visitas nas sextas-feiras, pois é cada vez mais comum as empresas adotarem trajes casuais somente para esse dia da semana. Como diz a consultora de moda Gloria Kalil (2007), "nada pior do que estar vestido demais ou de menos em qualquer ocasião".

Cada ambiente profissional possui seu vestuário adequado, conforme apresentado no Capítulo 4. Por exemplo, em uma agência de publicidade é natural vermos pessoas vestidas de maneira mais informal. Por outro lado, as próprias atividades de uma instituição financeira ou de um escritório de advocacia requerem um vestuário com visual mais sóbrio e formal. O que você deve evitar na entrevista é destoar do ambiente profissional no qual pretende se inserir, chamando a atenção para a sua "embalagem" ao invés do seu conteúdo. Nunca – mas nunca mesmo – se apresente profissionalmente vestindo cores berrantes, camisetas "*baby look*" com a barriga aparecendo, saias curtas, *shorts*, bermudas, chinelos, regatas, transparências, decotes exagerados ou produções mais arrojadas que são compatíveis apenas com os programas de final de semana com os amigos.

Aliás, não custa lembrar mais alguns pontos que, quando não são observados adequadamente, causam uma péssima primeira impressão:

> » as unhas devem estar aparadas e limpas, e as garotas que preferirem usar esmalte devem escolher uma cor neutra;
> » os cabelos devem estar convenientemente arrumados para a ocasião, ou seja, cortados, penteados e limpos – cabelos compridos ficam melhor se forem presos, e tinturas extravagantes são totalmente proibitivas;
> » três itens precisam ser utilizados pelas mulheres com muita parcimônia no ambiente profissional: o perfume, a maquiagem e os acessórios – se aplicados de acordo com a formalidade que a circunstância requer (ou seja, um perfume suave, uma maquiagem benfeita que não abuse de cores e brilhos, mas retire o efeito cansado de uma "cara lavada", e poucos acessórios), você certamente vai somar pontos a seu favor.

Não é possível deixar de concordar com Kalil (2007) quando ela afirma que erros ou exageros na aparência são constrangedores para quem os comete e para quem os presencia.

Se você ainda não está convencido da importância da sua aparência, uma pesquisa (Diniz, 2005) revela que o visual interfere, sim, na hora da contratação. Na pesquisa, um casal de executivos, com currículos impecáveis, foi avaliado separadamente em duas circunstâncias de seleção distintas. Na primeira, o visual de ambos intencionalmente não foi caprichado, e alguns pecados foram cometidos em relação a traje, acessórios e calçados. Ao contrário, nas segundas entrevistas de cada um, ambos estavam cuidadosamente trajados. O resultado foi impressionante! Detalhes à parte, quando estavam clássicos e elegantes, as entrevistas duraram o dobro do tempo, fazendo com que os candidatos se sentissem valorizados. Quando estavam mal produzidos, não ganharam nem cafezinho, e a entrevista mais pareceu um *checklist*. "Numa entrevista de emprego, não tem currículo, plano de carreira e referência profissional que resistam à má impressão provocada por um terno de segunda, um decote exagerado ou uma maquiagem carregada" (Diniz, 2005).

Outro item importante: se, por algum motivo, você não puder comparecer, telefone e cancele a entrevista com a antecedência possível. Aproveite o telefonema para agendar uma outra data que seja conveniente para o recrutador. Atitudes assim demonstram seu interesse e, principalmente, responsabilidade com os compromissos assumidos, da mesma maneira que simplesmente não aparecer e não avisar refletem um profissional pouco confiável. Como você prefere ser avaliado?

Não coma nada exótico ou diferente daquilo que você já está acostumado nos dias que antecedem à entrevista. Deixe suas curiosidades gastronômicas para períodos em que um eventual desarranjo digestivo não complique a sua agenda. Em outras palavras, não saia da sua rotina alimentar. E, por fim, procure ter uma noite de sono tranquila, repousando uma quantidade de horas suficiente para fazê-lo sentir-se animado e com a mente desperta no dia seguinte.

O dia da entrevista

Assumindo que as recomendações anteriores foram observadas, falta abordarmos aspectos que dizem respeito essencialmente sobre o seu comportamento, postura e atitude durante a entrevista. Se o seu objetivo é realmente causar uma boa impressão no avaliador, fique atento aos itens a seguir.

Pontualidade e cordialidade

Chegue ao menos 15 minutos antes do horário marcado para sua entrevista. Se a agenda dos avaliadores estiver adiantada, sua antecipação será vista com bons olhos, e você já entrará na sala contando com a simpatia adicional dos seus entrevistadores. Caso contrário, sente-se e aguarde com tranquilidade a sua vez de ser atendido, sem demonstrar impaciência ou nervosismo – isso significa que você não deve fumar, mascar chicletes, roer as unhas, brincar com o cabelo, balançar as pernas, assobiar, estalar os dedos ou qualquer outro gesto que, além de incomodar imensamente quem está ao seu lado, também não causa uma boa impressão sua.

Aproveite esse tempo para se concentrar e rever os pontos do seu currículo que você pretende destacar durante a entrevista. Mantenha o seu celular com o volume baixo somente se você estiver esperando uma ligação urgente; caso contrário, desligue-o assim que entrar na empresa. Na hipótese de você precisar atendê-lo, seja breve e discreto. Levante-se e dirija-se a um local onde você não incomodará os presentes com sua conversação.

Em qualquer oportunidade, seja sempre educado e cortês com os funcionários da empresa e demais pessoas presentes. A cordialidade que costuma caracterizar as relações interpessoais no Brasil não deve ser confundida com o péssimo hábito de se dirigir às pessoas usando termos de maior intimidade, tais como "meu anjo", "meu querido", "querida" ou "amigo". Se você não sabe o nome da pessoa, pergunte e trate-a por "senhor", "senhora" ou "senhorita". A partir do momento em que você coloca seus pés na empresa, absolutamente tudo o que você fizer ou disser fará parte da sua avaliação.

Apresentação e postura

Ao ser chamado, desligue o celular e entre com uma postura positiva. Não há do que se envergonhar por estar desempregado ou procurando uma nova oportunidade profissional. Apresente-se estendendo sua mão para um cumprimento firme a cada um dos entrevistadores presentes, dizendo seu nome completo. Essa atitude demonstra segurança, objetividade e entusiasmo.

Ao ser convidado, sente-se confortavelmente mantendo uma postura ereta, porém natural. Não coloque seus pertences na mesa do entrevistador, a não ser que seja uma mesa de reuniões e, mesmo assim, peça licença para tal.

Saiba ouvir e o que falar

Escute atentamente cada uma das perguntas dos entrevistadores e não seja desrespeitoso ou mal-educado, interrompendo-os durante a exposição de seu argumento. Você também não deve desviar o olhar – procure manter contato visual com cada um dos avaliadores durante toda a entrevista. Caso algum ponto do questionamento não tenha ficado claro, peça educadamente para repetirem a pergunta.

Reflita bem antes de responder. Porém, refletir não significa enrolar, ser prolixo ou desviar do tema. Sua resposta deve ser honesta e transparente. E quando não souber o que dizer, não invente – é melhor assumir que você não sabe a resposta.

Normalmente, ao final da entrevista, seus avaliadores se colocam à disposição para esclarecer eventuais dúvidas que você tenha a respeito da empresa e da função para a qual está sendo selecionado. Faça perguntas pertinentes que demonstrem seu interesse na empresa, no trabalho que você poderá desenvolver, nas possibilidades de progressão profissional, entre outras.

A maneira como você se comunica reforça seu profissionalismo e sua segurança. Fale de maneira clara e articulada, dirigindo seu olhar para a pessoa que lhe fez a pergunta, evitando gesticular muito, ficar inquieto na cadeira, balançar as pernas, cometer erros de português ou usar gírias, palavrões, piadinhas e palavras excessivamente técnicas fora de contexto – lembre-se de que há comunicação verbal e não verbal amplamente discutidas no Capítulo 4.

Durante a entrevista, é recomendável que você seja formal, porém amigável. Entretanto, é um hábito irritante a utilização de uma mesma expressão diversas vezes em uma frase. Você deve conhecer alguém que tenha esse cacoete de linguagem. Em geral, os termos mais frequentes são "na verdade", "com certeza", "faz parte", "tipo assim", "hum...", "éééé", "ããããã" e "né". Por favor, evite-os!

Cabe também lembrar que não convém usar palavras com sentido limitante, como "apenas" e "somente", já que você não tem parâmetros para saber o que seu avaliador considera "muito" ou "pouco". Por exemplo: "Eu supervisionava apenas cinco funcionários." Sempre que possível, prefira usar palavras como *implementar, coordenar, desenvolver, realizar, aperfeiçoar* e seus derivados, cujo sentido denota dinamismo e ação.

Encerrando a entrevista

Uma vez concluída a entrevista, com um firme aperto de mão, agradeça individualmente a cada avaliador (citando seus nomes) pela oportunidade de ser entrevistado para essa empresa. Dependendo de cada situação em particular, você pode perguntar quando esperam ter uma posição sobre o recrutamento e, se não foram entregues no início da entrevista, peça gentilmente seus cartões de visitas para futuros contatos.

Os dez erros fatais em uma entrevista de emprego

O sucesso em uma entrevista de emprego depende de alguns detalhes, alguns pequenos e outros nem tanto assim. Foram consultados diversos especialistas em recrutamento e seleção para compilar a lista dos dez erros que você **não deve cometer** para ser bem sucedido nas próximas seleções.

1. Chegar atrasado.
2. Usar roupas informais demais.
3. Não saber nada sobre a empresa ou o setor.
4. Expressar-se mal, com gírias ou frases sem sentido.
5. Mentir a respeito das suas qualificações.
6. Falar mal do emprego ou do chefe anterior.
7. Disputar espaço com o entrevistador.
8. Vangloriar-se de suas conquistas pessoais.
9. Não perguntar nada durante a entrevista.
10. Demonstrar desequilíbrio emocional.

Fonte: Adaptado de Burgardt, 2008.

Após a entrevista

É natural que você queira saber o resultado da seleção o quanto antes, mas não deixe sua ansiedade macular sua imagem. Não ligue ou escreva insistentemente para o entrevistador. Ao contrário, em até 48 horas após a entrevista, envie um *e-mail* agradecendo a gentileza de como foi recebido e reitere seu interesse pela posição ofertada. Se você foi entrevistado por mais de uma pessoa, observe que as mensagens devem ser diferenciadas. Essa é uma maneira elegante de se destacar dos demais candidatos.

Você vai perceber que cada entrevista de emprego é única, pois uma é diferente da outra. Algumas empresas costumam chamar os melhores candidatos para uma segunda entrevista. Outras adicionam dinâmicas de grupo ao processo de seleção. É natural, portanto, que você se sinta inseguro e ansioso com o desconhecido. Por isso, a ideia aqui não é fornecer uma cartilha para ser seguida cegamente, mesmo porque cada situação possui suas particularidades, o que exige certa dose de coerência e bom senso da sua parte ao decidir a melhor estratégia de apresentação. Objetivamente, o intuito é oferecer inspiração e orientação para que você, ao analisar seus pontos fortes e fracos, possa escolher com mais segurança qual o melhor caminho a ser seguido em cada oportunidade específica que surgir.

Estudo de caso

Estudo de caso adaptado de Kaputa, 2006.

Sérgio é um executivo bastante ocupado na cidade de São Paulo. Mesmo assim, ele reserva 10 minutos do seu dia para fazer contatos telefônicos ou por *e-mail* com seus colegas e conhecidos. São apenas 10 minutos logo no começo da manhã ou entre as brechas da agenda. "Meu dia é basicamente tomado por reuniões", diz ele. "Tenho ainda dezenas de *e-mails* no meu computador e no *BlackBerry*® para ler e responder. Mas não abro mão desse tempo. Quando perdi meu emprego na última crise econômica, foi por intermédio de um contato da minha rede de relacionamentos que consegui uma nova colocação. Enquanto meus colegas foram apanhados de surpresa e amargaram em entrevistas de seleção, meu *networking* me ajudou a rapidamente restabelecer minha vida profissional." No entanto, o verdadeiro *networking* não consiste apenas em receber, mas também em dar. É o que chamamos de *relacionamento de mão dupla*. Como ninguém está livre de passar por uma situação como essa, reflita a respeito da sua rede de relacionamentos e responda às questões a seguir:

1. Você se empenha em fazer contatos com profissionais dos mais variados segmentos e com formações diferentes da sua?
2. Por qual motivo e com que frequência você telefona para uma pessoa da sua rede de relacionamentos?
3. Como você reage diante de um pedido de um colega que ainda não teve a oportunidade de fazer algum favor a você?

Síntese

O marketing pessoal dispõe de algumas ferramentas que podem ampliar em muito sua visibilidade no ambiente profissional. A ferramenta mais utilizada é o *networking*, mas o cartão de visita, a elaboração de um currículo e, finalmente, a preparação para uma entrevista de seleção podem igualmente trazer benefícios.

Networking significa construir uma rede de relacionamentos que tem por base a reciprocidade entre as partes. Não há restrições profissionais ou pessoais para adotá-lo, porém a arte de fazer contatos e mantê-los ativos em sua agenda requer determinação, planejamento e objetividade. Os resultados são compensadores, pois, de acordo com pesquisas, essa é a maneira mais eficaz de se conseguir uma colocação.

O cartão de visita tem uma função muito importante na construção da sua rede de relacionamentos: divulgação. Além disso, ele é um dos elementos que compõem sua identidade visual, desempenhando um papel crucial no processo de marketing pessoal. A sua função vai além, portanto, de apenas transmitir as informações nele impressas. Por isso, as recomendações efetuadas ao longo do capítulo devem ser observadas com atenção para que o cartão desperte no portador uma lembrança positiva do contato que ele teve com você.

O envio do currículo para avaliação e posterior agendamento de uma entrevista de seleção é consequência esperada de um plano de marketing bem-executado. O ideal é que a comunicação visual do cartão e do currículo seja uniforme para que sua mensagem continue sendo a mesma. Levando-se em conta que o tempo dos recrutadores está cada vez mais escasso, a elaboração de um currículo deve ser planejada com muito critério, objetividade e bom senso. Já foi o tempo que um currículo com um calhamaço de páginas era sinônimo de qualificação superior para o cargo. Além disso, um currículo mal-elaborado ou excessivamente rebuscado não incentiva o avaliador a fazer uma leitura cuidadosa. Portanto, muita atenção na formatação e no conteúdo do seu currículo!

Ao ser chamado para uma entrevista de um novo emprego, temos de ter em mente que esta é a oportunidade que você tem de eliminar os concorrentes. Para o entrevistador, contudo, é o momento para analisar o que você fala e como você fala. Para se sair bem no dia da entrevista, o segredo é se preparar com antecedência. Antes da entrevista, você deve levantar informações a respeito da empresa, planejar a logística de transporte, organizar alguns documentos, escolher o traje e, principalmente, refletir sobre o conteúdo das possíveis respostas que você vai precisar oferecer.

No dia da entrevista, ser pontual é fundamental, mas também é saber ouvir, falar, sentar e, não menos importante, saber se apresentar aos seus avaliadores, com postura segura e profissional. Após a entrevista, nada de ligar ou escrever insistentemente para a empresa. Um *e-mail* para o entrevistador pode ser enviado em até 48 horas após a entrevista.

A melhor estratégia de apresentação exige certa dose de coerência e bom senso da sua parte, uma vez que não há uma fórmula que funcione para todas as situações: cada empresa e cada candidato são um caso específico.

Para saber mais

Se você deseja se aprofundar na leitura a respeito do processo de comunicação, consulte os livros indicados a seguir:

DULWORTH, M. *Networking*: saiba como construir as melhores redes de relacionamentos. São Paulo: Larousse, 2008.

HOWARD, S. *Como preparar um bom currículo*. São Paulo: Publifolha, 2000.

LEBRE, A. *Networking*: como criar, manter e usufruir de sua rede de contatos. Rio de Janeiro: Qualitymark, 1999.

WHITE, A. *Técnicas para entrevistas*: conquiste seu emprego. São Paulo: Cengage Learning, 2008.

Os filmes relacionados a seguir são recomendados para que parte dos conceitos abordados neste capítulo sobre as ferramentas de marketing pessoal possa ser observada na prática:

A REDE social. Direção: David Fincher. EUA: Sony Pictures Entertainment/Columbia Pictures, 2010. 121 min.

EMPREGO de A a Z: a terrível entrevista de seleção. Comentarista: Max Gehringer. 2007. 8 min. Disponível em: <http://www.youtube.com/watch?v=8_4yzvx1Mj4>. Acesso em: 4 jan. 2011.

EMPREGO de A a Z: F de formação. Comentarista: Max Gehringer. 2007. 5 min. Disponível em: <http://www.youtube.com/watch?v=IAHQwbRTf1U>. Acesso em: 5 jan. 2011.

HOMENS de honra. Direção: George Tillman Junior. EUA: 20th Century Fox Film Corporation, 2000. 128 min.

O DIABO veste Prada. Direção: David Frankel. EUA: 20th Century Fox Film Corporation, 2006. 109 min.

Questões para revisão

1. É por intermédio do seu currículo que o futuro empregador vai conhecer você antes mesmo da entrevista. Conteúdo e formatação são duas questões fundamentais. Com base nas afirmações anteriores, assinale a alternativa a seguir que melhor corresponde a uma característica de conteúdo que o currículo deve possuir para que ele seja eficaz:
   a. Quanto mais páginas tiver o seu currículo, tanto mais qualificado você vai ser para o cargo.
   b. Personalize o conteúdo do currículo de acordo com as necessidades e os requisitos solicitados.
   c. Não deixe de mencionar detalhadamente todos os cursos de aperfeiçoamento que você fez.
   d. No item "informações complementares", informe seus *hobbies* e passatempos.

2. Antes da entrevista de seleção para um novo emprego, é fundamental fazer uma pesquisa a respeito da empresa que oferece a vaga. Com base nessa afirmação, assinale a alternativa que melhor descreve uma das informações que você deve buscar a respeito da empresa:
   a. Quem e quantos são os principais concorrentes da empresa.
   b. Quais são as atividades de lazer do seu entrevistador.
   c. Onde mora o presidente da empresa.
   d. Quantas vezes a empresa mudou de endereço.

3. Se você pretende causar uma boa impressão no avaliador durante a entrevista de seleção para uma vaga, alguns cuidados devem ser tomados. Nesse sentido, marque com (F)

as afirmações falsas e com (V) as verdadeiras e, em seguida, assinale a alternativa que corresponde à sequência correta:

( ) Procure manter contato visual com o avaliador durante toda a entrevista.
( ) Se não souber o que dizer, invente uma resposta.
( ) Durante a entrevista, seja informal e amigável.
( ) Concluída a entrevista, agradeça ao avaliador com um firme aperto de mão.

a. F, V, V, F.
b. V, F, F, V.
c. V, F, V, V.
d. V, V, V, F.

4. *Networking* é a palavra da moda que significa "construir uma rede de relacionamentos". Explique quando uma pessoa deve iniciar seu *networking* e quem deve participar dele.

5. A princípio, as técnicas de *networking* podem parecer entediantes e artificiais, mas, com a prática, passarão a se tornar um hábito cada vez mais espontâneo em você. O que não se pode esquecer é que *reciprocidade* é a base do *networking*. Explique o que significa reciprocidade dentro da atividade de *networking* e como é colocada em prática.

capítulo 6
opinião que conta

Conteúdos do capítulo

» Opiniões de *insiders*;
» Evidências do mercado de trabalho;
» Marketing pessoal na prática.

Após o estudo deste capítulo, você será capaz de:

1. entender a opinião de profissionais sobre a importância do marketing pessoal;
2. reconhecer como o marketing pessoal é entendido na prática;
3. adaptar os fundamentos e os princípios do marketing pessoal a situações profissionais diversas;
4. comprovar a eficiência e a eficácia das práticas de marketing pessoal;
5. compreender a importância da adoção das ferramentas de marketing pessoal.

André Gide, escritor francês, ganhador do Prêmio Nobel de Literatura de 1947, afirmou que "todas as coisas já foram ditas, mas como ninguém escuta é preciso sempre recomeçar", ou seja, repetir, recontar, reescrever, reeditar, reler são ações necessárias para que conceitos sejam gradualmente absorvidos e assimilados.

Além disso, diversas pesquisas de marketing comprovam que a decisão de compra do consumidor se baseia cada vez mais na opinião de usuários comuns do que nas informações do próprio *site* institucional dos fabricantes ou lojistas (Tolda, 2008). Em outras palavras, a opinião de terceiros influencia nossas decisões.

Neste capítulo, pretendemos proporcionar a você exatamente isso: evidências e reforço dos conceitos e acesso a opiniões emitidas por diversas fontes a respeito dos temas que foram apresentados neste livro.

A ideia de misturar pontos de vista tem como objetivo último consolidar a motivação em cada um para buscar seu projeto de vida pessoal. A multiplicidade de perspectivas só vem a reforçar o que foi exposto nas páginas anteriores: você é o produto e deve saber como agregar atributos e ser atrativo para o mercado de acordo com seus sonhos e objetivos. Para isso, informação é tudo!

Na primeira parte, vamos ler depoimentos de *insiders*, ou seja, pessoas que estão inseridas no mercado de trabalho e que atuam em alguma organização. Na parte seguinte, estarão relacionados trechos de reportagens veiculadas na mídia selecionada, cada um com um enfoque específico a respeito dos assuntos discutidos aqui, cujo conteúdo deveria ser, recomendavelmente, motivo de reflexão de todos aqueles que estão dispostos a enfrentar os desafios do marketing pessoal.

Os *insiders*

Quatro profissionais de segmentos diversos apresentam, a seguir, seus pontos de vista a respeito da importância do marketing pessoal para alcançarmos o sucesso profissional. Para garantir a privacidade dos depoentes, seus nomes e as empresas para as quais trabalham foram omitidos dos textos.

Depoimento 1

O primeiro depoimento apresentado é de J. T. K. P., uma profissional que exerce a função de coordenadora de área em uma instituição financeira.

Creio que a prática de marketing pessoal é válida para qualquer área profissional; afinal, não se trata de um instrumento prejudicial à empresa, e muito menos ao profissional, desde que praticado com ética. Tenho uma maneira muito simples de fazer meu marketing pessoal, pois procuro me relacionar com todas as pessoas de maneira amigável e tenho prazer e disposição para auxiliar a todos sempre que posso. Acho que essas atitudes já são intrínsecas, pois no ambiente familiar também sou assim. Procuro sempre manter boa aparência física no ambiente de trabalho, usando roupas e acessórios apropriados. Quanto ao aperfeiçoamento das minhas habilidades e competências, tento me inteirar de tudo e, sempre que tenho dúvidas, questiono alguém que tenha mais experiência do que eu; além disso, tenho me informado sobre cursos de pós-graduação e de MBA e, assim que possível, farei a matrícula, para dar continuidade aos estudos. Gosto muito de dar atendimento de qualidade ao cliente interno e externo e acredito que isso é fundamental para o aprimoramento do *networking*; enfim, para me manter no mercado de trabalho e "ser vista" por outras empresas e pessoas, procuro tomar essas atitudes.

O marketing pessoal fez com que minha carreira (que ainda estou construindo) tivesse algumas oportunidades. Iniciei minhas atividades profissionais em uma clínica odontológica (quando criança, meu sonho era ser dentista); no entanto, após ingressar na faculdade de Administração, descobri que tenho vocação para trabalhar no mundo corporativo. Desde então estou atuando em instituições financeiras. Considero-me privilegiada, pois tive a chance de iniciar a carreira no Banco S., sem ter experiência alguma, e lá fiquei durante quatro anos e meio; depois, fui convidada a trabalhar em outra instituição financeira.

Diante da competitividade que estamos vivendo, o marketing pessoal pode se transformar na chave para o sucesso profissional. Portanto, em minha opinião, o marketing pessoal é importante para todas as pessoas que almejam reconhecimento, oportunidades e destaque no mercado de trabalho.

Depoimento 2

O diretor de uma instituição financeira apresenta sua perspectiva a respeito do desenvolvimento de práticas de marketing pessoal, relacionando os itens que considera de maior relevância para o profissional.

1. **Currículo**

    Informação prévia na qual a empresa buscará dados objetivos relacionados ao histórico profissional do candidato, sendo pontos importantes a formação, o tempo de permanência em outras empresas e a descrição das habilidades profissionais.

2. **Habilidades**

    De acordo com a função pretendida, valoriza-se o profissional que tem capacidade de assimilação dos principais processos da empresa e que consegue agregar valor ao negócio (por exemplo, interagir com o ambiente externo e propor alternativas que melhorem o desempenho dos processos internos). Disciplina na condução das rotinas, antevisão a possíveis não conformidades e apresentação de soluções (por exemplo, reunião cancelada pelo cliente; marca-se a próxima data e comunica-se esse fato com antecedência).

    A apresentação pessoal é avaliada de maneira que o profissional possua automotivação, autocontrole e transmita otimismo.

3. **Aprimoramento de competências**

   O ambiente de negócios exige constantes conhecimentos, e o profissional pode alcançar bons níveis de progresso na carreira à medida que investe constantemente na sua formação (por exemplo, dominar outros idiomas, manter-se permanentemente informado, ler jornais, revistas e matérias a respeito do segmento de sua empresa). Buscar conhecer a empresa como um todo (estrutura de administração e produção) e interagir entre as áreas.

4. **Imagem pessoal**

   As preferências são por pessoas discretas em sua imagem pessoal. Como regra geral, as empresas buscam profissionais que se apresentem já conhecedores de informações básicas e se comportem dentro desse padrão. A imagem pessoal deve ser ótima, sem demonstrar exagero (por exemplo, uma comissária da TAM Linhas Aéreas).

5. *Networking*

   O *networking* é uma atitude que promove uma condição de desenvolvimento profissional. Podemos avaliar duas formas para seu uso.

   A primeira tem seu enfoque no crescimento profissional pessoal; quanto mais informações e relacionamento com setores, mais oportunidades poderá avaliar. A segunda, para desenvolvimento na sua atividade; a troca de informações possibilita a descoberta de oportunidades que são oferecidas às empresas, valoriza o profissional e reconhece suas capacidades. Traz a ascensão profissional.

Depoimento 3

Por 14 anos, E. W. atuou como secretária executiva em empresas multinacionais. Atualmente é professora universitária, em fase de conclusão de seu curso de mestrado, e está apenas iniciando o curso de Secretariado. Veja seu depoimento.

> Faço várias coisas simultaneamente, estudo sempre, pesquiso e observo pessoas, troco ideias e participo de eventos. Mas tenho uma técnica de planejamento que inclui marketing pessoal: eu escrevo num papel as minhas metas de vida pessoal e profissional a cada cinco anos. Aprendi isso num curso. Escrevo tudo o que quero atingir, independentemente se algo parece difícil. É incrível como isso dá certo, pois, se você sabe aonde quer chegar e trabalhar sério, é certo que acontece. É claro que o que se quer deve ser ético e para o bem de todos. Aí o universo conspira a seu favor. É muito sério isso. Eu tenho buscado autoanalisar-me e ver meus pontos fortes e fracos. Ao perceber os meus pontos fracos, busco fortalecê-los. Procuro, também, observar tudo, principalmente as pessoas bem-sucedidas: como elas se vestem, como elas se comunicam, qual é seu discurso. Muitas vezes não tenho tempo de ficar ligada nas novidades da profissão, mas sempre que possível pesquiso algo na internet. Invisto em cursos de formação acadêmica e procuro participar de eventos. Busco também investir na aparência (roupa, cabelo), de modo a estar sempre apresentável. A ascensão da carreira e o surgimento de oportunidades profissionais certamente resultaram do meu marketing pessoal, mas eu não era muito consciente disso, das técnicas de marketing pessoal em si. Então, eu sempre me escondia um pouco, evitava me expor, ficava na minha. Era meio alienada e só pensava em trabalhar e produzir. Acho que era insegurança e pouca autoestima.

A minha sorte é que eu trabalhei com pessoas boas, que reconheciam o meu trabalho e me davam oportunidades. O meu marketing pessoal da época era ainda pobre e empírico, não era planejado e estratégico como é hoje. Se eu tivesse mais conhecimento de marketing pessoal, acho que as coisas aconteceriam mais rápido. Hoje eu consigo relacionar marketing pessoal com autoestima, pois, quando se planeja em favor próprio, com ética e respeito aos demais, todas as nossas qualidades se potencializam.

Quando fui secretária de diretoria numa empresa, após trabalhar quatro anos mudou o presidente e eu fiquei amiga da secretária executiva dele. A amizade aconteceu de forma natural, por afinidade de ideias e personalidade. De certa forma, ao deixar-me conhecer, fiz meu marketing pessoal, e isso me ajudou, pois muitas vezes viajei a São Paulo para substituí-la em férias, o que significou muito na minha carreira – o presidente é um executivo muito conhecido e exigente. Saí dessa empresa há oito anos, mas a amizade com a secretária ainda continua forte e carinhosa. Aliás, tenho uma amizade forte com praticamente todas as secretárias de presidente que conheci, um querer bem. Acho que é devido ao marketing pessoal que, empiricamente, apliquei. Uma secretária executiva deve estar ciente de seu poder de convencimento dentro das organizações e agir com ética em prol de todos. Isso é o mais difícil, pois o ser humano é ainda muito egoísta e muitas vezes pensa só em si, não aprendeu realmente a pensar numa ética mais ampla nem abrir mão, às vezes, de coisas, e até da própria imagem. É algo paradoxal, pois em alguns casos é necessário abrir mão da autoimagem e ser simplesmente humano.

> Acho que esse é o verdadeiro marketing pessoal para a pessoa do século XXI: a sinceridade da pessoa e suas boas intenções perante a equipe e as organizações são percebidas a milhares de quilômetros de distância.

Depoimento 4

O profissional M. L. P. é executivo com formação sólida e vasta experiência eclética. Atualmente, é gerente de planejamento de expansão e análise de mercado de uma conceituada empresa estatal do setor elétrico e de telecomunicações. Em seu depoimento, divide conosco sua opinião, de caráter absolutamente pessoal, a respeito do tema.

> Dizem que "a propaganda é a alma do negócio"; porém, se o "negócio" não for bom, de pouco adiantará toda a propaganda que se possa fazer dele. Esse mesmo conceito pode ser estendido para o campo do marketing pessoal ou profissional. Se a pessoa – independentemente da sua área de atuação – não for efetivamente competente, qualquer esforço no sentido de promover a sua imagem será em vão!
>
> Portanto, entendo que, nos ambientes de trabalho, a competência é o melhor marketing que uma pessoa pode fazer dela mesma. Consequentemente, o marketing pessoal deve passar, antes de qualquer coisa, por um processo de desenvolvimento pessoal que deve ser progressivo e continuado. Assim, penso que o tempo de um profissional é muito bem aproveitado se ele for dedicado ao seu aprimoramento, posto que o sucesso e o prestígio virão como decorrência disso.
>
> Com respeito às competências, existem aquelas que são de caráter específico, próprias de cada ramo ou atividade; mas há aquelas de característica geral e que devem servir para a grande maioria das atividades profissionais.

Entre essas competências se incluem, por exemplo, as seguintes:

1. A capacidade de se ajustar não somente a mudanças (ambientais, tecnológicas, regulatórias e muitas outras), mas de propor e implantar coisas novas. Vivemos em um mundo cada vez mais competitivo, em que o arrojo, a criatividade e a inovação passaram a ser essenciais à sobrevivência profissional e empresarial.
2. A iniciativa própria. De um bom profissional hoje se espera que ele aja por sua própria conta, isto é, sem que seja necessário ser mandado por alguém para isso.
3. A vontade para realizar cada pequena tarefa com total esmero, buscando a perfeição nos detalhes.
4. A habilidade de estabelecer para si metas a serem atingidas em determinado prazo. Quem não estabelece para onde deseja ir nunca chega a lugar algum.
5. A aptidão para argumentar, "vendendo" suas ideias ou projetos de forma racional, consistente e convincente.
6. A habilidade para "contar uma história completa" (com início, meio e fim). Essa é uma capacitação fundamental para o desenvolvimento da lógica, para escrever um texto, para preparar uma apresentação. Um bom profissional consegue se expressar de forma clara e segura.
7. A solidez de conhecimento. Hoje é muito comum as pessoas já se considerarem *"experts"* em determinado assunto, mesmo tendo estudado ou pesquisado apenas superficialmente. O bom profissional se aprofunda nos temas.
8. A capacidade de servir sempre, sem esperar retorno pessoal, mas de servir por servir. A pessoa que aprende a ser feliz servindo, e fazendo os outros felizes, é aquela que alcançará grande sucesso e felicidade pessoal. Não há outro caminho!

Clipping

O mundo moderno intensifica a concorrência. Quem não estiver atento às exigências e às tendências do mercado pode perder boas oportunidades de colocação profissional. Diariamente, a mídia impressa e eletrônica traz conteúdos relevantes para todos aqueles que buscam ascender profissionalmente.

Para exemplificarmos melhor esse tópico, selecionamos reportagens extraídas de determinados jornais, a saber: *Folha de S. Paulo, Gazeta Mercantil, Jornal do Brasil, O Estado de S. Paulo, O Globo* e *Jornal de Londrina* Apresentamos trechos dos textos jornalísticos, categorizados nos seguintes temas: marketing pessoal, autoanálise, qualidades e competências, aparência, comunicação não verbal, *networking*, cartão de visita e candidatos e processos de seleção. As reportagens completas podem ser lidas na internet acessando os *links* indicados. Boa leitura!

Marketing pessoal

Quem tem medo do marketing pessoal?

Alexandre Staut

Agregar valor à carreira não depende apenas de um bom currículo. Hoje, todos sabem, saber vender-se para o mercado faz toda a diferença diante da acirrada concorrência do mundo dos negócios. Ferramenta imprescindível no ambiente corporativo, o marketing pessoal passou a ser assunto do momento ante as demandas de mercado. Mas como fazer marketing pessoal para que não soe como algo falso, pedante e afetado? As respostas variam de profissional para profissional. Rodrigo del Claro, diretor de relacionamento da *Crivo*, empresa que desenvolve *softwares* para análise de crédito e risco, afirma que marqueteia sua imagem desde a infância. "É o que mais faço", diverte-se.

"Todavia, percebo que no passado fazia marketing de forma arrogante, sem ter exatamente o que vender sobre mim", admite. "Hoje, após três pós-graduações, posso dizer que posso sim vender-me como um bom profissional. Vendo uma boa imagem de mim mesmo, e o faço com a maior segurança", afirma o rapaz, que, antes de chegar aos 30 anos, conseguiu participar da direção de grandes corporações multinacionais. Del Claro conta que, para fazer marketing pessoal, utiliza três pilares: estudos em bons cursos, rede de relacionamentos e resultados, que faz questão de mostrar aos patrões. "Hoje, ao olhar minha carreira, percebo que, se não sou o melhor dos profissionais nas empresas, destaquei-me muito pelo meu marketing", diz. [...]

Fonte: Adaptado de Staut, 2008.

Autoanálise

O gestor e a sua fundamental coerência

Eduardo Elias Farah

Difícil imaginar a cena a seguir acontecendo hoje em dia, mas foi o que um amigo, perplexo, me contou na semana passada. Enquanto esperava ser atendido por um cardiologista, a secretária acendeu um cigarro diante de todos que aguardavam a consulta na recepção. Mesmo hesitante, ele optou por não questionar o experiente médico sobre o que ocorrera na sala ao lado, pressupondo a permissividade do cardiologista. A má impressão deste profissional, no entanto, permanecerá nele por um bom tempo.

O episódio descrito acima retrata o tipo de incoerência visível ao público externo, já bem conhecida por clientes e consumidores. Entretanto, a falta de coerência não se resume a este âmbito.

Saindo do ambiente do consultório e refletindo acerca das organizações, é possível entender que a coerência é algo imprescindível ao gestor. Hoje, o público externo já tem como recorrer quando se sente lesado pela falta de coerência, por exemplo, por meio do Código de Defesa do Consumidor. O drama está, no entanto, dentro do ambiente interno. A incoerência que atinge os funcionários causa um prejuízo nem sempre devidamente percebido. E este problema pode ser detectado tanto em relação à missão e valores declarados pela organização como nas "pequenas" atitudes dos gestores. [...]

Fonte: Farah, 2007.

Qualidades e competências

Perfil profissional agora tem novos "ingredientes"

Américo Rodrigues de Figueiredo

[...] Como o perfil do executivo ideal tem se modificado muito, novos ingredientes vêm sendo agregados à bagagem do profissional:

1. O poder do *"networking"*: quanto mais amplo o leque de relacionamento profissional, maiores as chances de uma indicação para o cargo que mais se encaixa com seu perfil.
2. A importância do conteúdo: a boa formação acadêmica e o domínio de duas ou mais línguas, aliados ao conhecimento de informática, são itens essenciais para a capacitação profissional.

Fonte: Figueiredo, 2002.

"Imposição" de estilo segue a área de atuação

Portal Aprendiz

Apesar de predominar o padrão terno, gravata e cabelos curtos entre os executivos, há nuances entre um setor e outro de atuação. "O mercado financeiro continua sendo o mais conservador", diz Maria Helena Pettersson, sócia da auditoria Ernst & Young. Segundo ela, até mesmo as cores se mantêm padronizadas. "As camisas são geralmente azuis ou brancas, e os ternos são azul-marinho ou cinza." Outras empresas, por outro lado, adotaram o chamado *"casual day"*, dia em que os funcionários deixam de lado a formalidade e dão descanso às gravatas.

Fonte: Portal Aprendiz, 2002.

Vestuário e aparência influenciam a imagem do executivo

O erro é o exagero: ser escravo da moda, usar muito decote, muito brilho

Ana Paula Lacerda

Muitos executivos já passaram pela situação de conversar com alguém e, por mais que aquela pessoa tivesse um ótimo currículo, a impressão que ficou foi ruim. Esse fato é mais comum do que parece, e depende em grande parte da comunicação não verbal. "A comunicação não verbal envolve a postura, a aparência, o vestuário e o tom de voz da pessoa, entre outras coisas", diz a consultora de imagem Silvana Bianchini, da consultoria Dresscode. [...] Apesar de poucas empresas terem regras explícitas sobre vestuário, ela lembra que em todos os ambientes a maneira como a pessoa se veste é julgada.

Fonte: Lacerda, 2007.

Atenção: você está sendo observado

Na festa da firma, os micos podem trazer consequências sérias para sua carreira, portanto, todo cuidado é pouco. O melhor é agir como se você estivesse trabalhando. Se há um lugar e hora para pagar mico na frente dos colegas de trabalho, a ocasião são as festas de fim de ano promovidas por empresas. [...]

Diretora da *SEC Talentos Humanos*, Vivian Maerker Faria diz que o maior erro é confundir o clima informal da festa com intimidade. "As pessoas não são analisadas só pelo trabalho, mas também pela maneira como se vestem e se portam fora da empresa. Isto é chamado de marketing pessoal", alerta.

Fonte: Atenção..., 2006.

Postura não é só endireitar as costas

Inês de Castro

[...] O jeito que cada um carrega o próprio corpo é importante não só por uma questão de saúde ou bem-estar, mas, principalmente, porque reflete a imagem pessoal, passa uma espécie de atestado de si mesmo.

[...] A linguagem do corpo fala mais do que mil palavras. O discurso pode ser dos melhores. Se o corpo não acompanha, ninguém se convence. É como um cartão de visita impresso com tintas de má qualidade. Não importa a mensagem que traga redigida, o borrão sempre causa impacto negativo. [...]

Dia desses, um leitor me perguntou o que fazer para conter o nervosismo nas reuniões em que estão presentes os altos escalões. "Nunca sei como me comportar, para onde olhar, onde colocar as mãos ou dizer o que deve ser dito...", argumentou.

Como não era possível falar pessoalmente ao missivista, [...] recomendei: seja você mesmo, mas se contenha. Em matéria de postura, menos é sempre mais.

Postura física se ajeita. Um bom fisioterapeuta resolve com massagens, exercícios e reeducação do corpo. Quanto à postura moral (atitude, bom comportamento, modo de se portar ou coisa que o valha), esta precisa ser incorporada à custa de muita observação e vigilância. Os estudiosos do comportamento explicam que a vida intelectiva se desmembra em quatro etapas: sensação, percepção, memória e conceito. Assim, para apreender qualquer coisa, antes é preciso ter o coração aberto para sentir.

Fonte: Castro, 2009.

Networking, networking e mais networking

Amiga de faculdade ofereceu oportunidade

Fábio Luporini

A jornalista Carina Freitas, de 25 anos, hoje é produtora de televisão em Londrina e está formada há pelo menos um ano. Nesse tempo, conciliou o curso de História na Universidade Estadual de Londrina (UEL) com diversas dinâmicas de grupo, entrevistas de emprego e *trainees*. Mas essa realidade mudou há um mês [...] "Recebi a ligação de uma amiga oferecendo para trabalhar como produtora no programa dela. Eu aceitei", conta. [...] Ela já me conhecia da faculdade e sabia da minha responsabilidade e dedicação nos trabalhos e das boas notas", diz. [...]

Fonte: Luporini, 2008.

Conversa em classe rende contatos e até empregos

Ingrid Tavares

Partir para a especialização é uma ótima opção para os recém-formados que não têm perfil para seguir vida acadêmica, e que também procuram ampliar contatos profissionais e aperfeiçoar suas habilidades. Enquanto não há bagagem prática suficiente para se calibrar para um curso de MBA, voltar às aulas é uma chance de trocar contatos com colegas de classe, cultivar dicas sobre o mercado e até obter um novo emprego.

Foi o que aconteceu com a administradora Fernanda Martinez Rossi, 26 anos. Com um mês de formada, ela não teve dúvidas ao procurar uma especialização na área. "Como me formei muito cedo, com 21 anos, senti necessidade de continuar estudando, de aprofundar meus conhecimentos acadêmicos", diz. [...]

Fonte: Tavares, 2007.

Profissionais que estabelecem uma boa rede de relacionamentos dentro da empresa ganham visibilidade

Networking deve ser interno e externo

Mariana Iwakura

A palavra *networking* imediatamente remete à rede de relacionamentos que os profissionais mantêm fora do ambiente normal de trabalho. No entanto, o conceito, quando bem cultivado dentro da empresa, pode ser até mais importante do que fora dela. Visibilidade, respeito e carreira ascendente são algumas vantagens. Para isso, é preciso seguir regras ao solidificar essa "teia" de relações. [...]

"Primeiro, é preciso se expressar bem", aponta Silvio Celestino, consultor de marketing pessoal. Depois, a melhor pedida é sair dos círculos habituais de relacionamentos, como ao convidar um colega de outra área para almoçar.

[...] "Quando conheço alguém, tento fazer um comentário que a pessoa lembrará depois. Se é mais brincalhona, digo algo engraçado; se é mais séria, falo sobre algo técnico", conta o engenheiro químico André Unglert, 23 anos. "Vou com a cara e a coragem. Digo que quero conhecer seu trabalho e ofereço algo em troca. Depois mando um *e-mail* para manter o contato." [...]

Fonte: Iwakura, 2006.

Quem tem padrinho... tem vaga

Pesquisa do Grupo Catho revela que indicações foram responsáveis por 48% das contratações no setor privado no último ano

Samantha Lima

O velho hábito do apadrinhamento profissional está mais forte do que nunca. A prática, notória no meio político, ganha força também no setor privado, tendo sido o caminho de 48% dos profissionais que conseguiram um emprego nos últimos 12 meses, conforme pesquisa do Grupo Catho. Se o setor público legitima o comportamento – a julgar por decisão recente da Assembleia Legislativa do Rio, que aprovou cotas para contratação de parentes –, o setor privado não só aprova como busca incentivar o principal mecanismo que permite uma indicação: a rede de contatos ou, como preferem os profissionais de recursos humanos, o *networking*. [...] – A indicação perdeu o tom pejorativo. O mercado sabe avaliar essas indicações, que são o melhor caminho até os profissionais mais aptos. E quem indica confia no potencial do indicado – diz Robson Santarém, da Associação Brasileira de Recursos Humanos. [...]

Fonte: Lima, 2005.

Quase 30% dos profissionais voltam a trabalhar para ex-patrões

Entre os profissionais especializados, 27,49% já voltaram a trabalhar para sua antiga empresa. Construir uma boa imagem na empresa, ter bom comportamento e manter um bom relacionamento com a chefia e com os colegas pode ser garantia de um emprego no futuro... quem sabe, na mesma empresa em que o profissional já trabalhou. Por isso, a dica do momento é não fechar as portas ao sair da empresa, como mostra a pesquisa "A Contratação, a Demissão e a Carreira dos Profissionais Brasileiros – Edição 2007", divulgada nesta segunda-feira (29) pelo Grupo Catho, que identificou que 29,16% dos profissionais acabam voltando a trabalhar para seus ex-empregadores. [...]

Fonte: Quase..., 2007.

Cartão de visita

O *click* e o cartão de visitas

José Augusto Minarelli

Sempre que um interlocutor nos concede uma via de acesso, seja fornecendo seu cartão de visitas ou por meio da grande vitrine do mundo digital, um universo de possibilidades, desafios e riscos se descortina. Da negligência com a oportunidade de expandir o *networking* à ação consciente de aproveitar da melhor forma possível esta abertura para fortalecer vínculos, a atitude de cada um determina a qualidade da rede de relacionamentos e seu potencial para servir de anteparo ou trampolim na solução de problemas, tanto seus como dos demais elos da cadeia.

Em palestras sobre *networking* e gestão de carreira, costumo enfatizar que um cartão de visitas é muito mais do que um pedaço de papel com algumas informações impressas. Por trás dele há uma pessoa, com história de vida, experiência profissional, conhecimentos, contatos, afinidades. Lembro também que a troca de cartões pressupõe um contato pessoal e presencial. É certo que, em tempos de internet, uma interação pode até surgir no ambiente virtual. No entanto, para criar raízes consistentes, o relacionamento demandará, em algum momento, uma aproximação física. Ninguém é admitido para um emprego, se casa ou fecha um contrato importante sem efetivamente praticar o saudável e imprescindível hábito do olho no olho. [...]

Fonte: Minarelli, 2007.

Candidatos e processos de seleção

Como eliminar suas chances de recolocação no mercado

Marcelo Monteiro

Se não sabe exatamente como agir em contato com um *headhunter*, o candidato pode pelo menos preparar-se para o que não deve fazer ou dizer. Existem pelo menos dez pecados capitais que podem comprometer decisivamente a imagem de um profissional diante de um caçador de talentos. Entre os principais estão usar um ex-*status* corporativo para se aproximar ou então fazer um *networking* egoísta – usando terminologia extremamente técnica e sendo apenas receptivo, sem se interessar pelo trabalho do *headhunter*. [...] Segundo [Marcos] Haniu [sócio-fundador da Authent], outro equívoco fatal é o *networking* ingênuo (também chamado "*approach* do louco"), que inclui perguntas do tipo "Como está o mercado?". "Um dos pecados capitais que um candidato pode cometer é não pesquisar sobre a empresa contratante, seu negócio, seus concorrentes, principais processos, posicionamento no mercado, abrangência de negócios, filiais, números no Brasil e no exterior", explica o consultor, que considera indispensável para o profissional pesquisar também o perfil do *headhunter* que irá entrevistá-lo.

O consultor afirma que, além do uso de um discurso muito técnico, de difícil entendimento pelo profissional de recursos humanos, não expor as experiências, qualificações e expectativas de forma sistemática e cronológica é outro erro bastante comum nas entrevistas de seleção. [...]

Fonte: Monteiro, 2008.

Padronização em seleção dificulta busca por candidato ideal

A procura pelo profissional perfeito começa na seleção do candidato. Entre perguntas sobre trajetória no mercado de trabalho e cursos de especialização, surge uma das mais recorrentes: "Qual é o seu defeito?". [...]

A padronização de perguntas e respostas deu margem para que os profissionais elaborassem um perfil ideal, do qual lançam mão durante a entrevista. É comum, segundo consultores, ouvir dos profissionais que entre seus principais defeitos estão não saber fazer politicagem e ser ansioso. [...]

A consultora Malu Giacomazzi [...] não recomenda que o candidato revele ao entrevistador seus defeitos. "O marketing pessoal é a chave de tudo", assinala. [...]

Fonte: Padronização..., 2005.

para concluir...

No capítulo inicial deste livro, vimos que o sucesso individual não depende apenas de uma boa ideia, de trabalho árduo ou de um destino generoso. Precisamos planejar um curso de ações que facilitem a obtenção de sucesso pessoal e profissional, seja para conquistar uma nova posição no mercado de trabalho, seja para manter a sua posição atual. Em síntese, isso é o que chamamos de *marketing pessoal*, cujas estratégias podem ser adaptadas de conceitos oriundos do marketing empresarial.

Com o aumento da competitividade no âmbito profissional, o reconhecimento profissional depende não só de um trabalho benfeito como também da visibilidade pessoal que imprimimos em nossas carreiras, conforme exposição no Capítulo 2. Um planejamento adequado equilibra o seu conteúdo com a promoção de sua imagem, ou seja, sua marca pessoal deve corresponder às aspirações pessoais, ao mesmo tempo que atende às demandas do mercado. O alicerce desse planejamento está no autoconhecimento e no mapeamento do que acontece no mercado, aliados a nossa visão, nossos valores, nossa missão e nossos objetivos.

No entanto, conforme apresentado no Capítulo 3, a evolução da sociedade e a dinâmica do terceiro milênio podem tornar uma vantagem pessoal de hoje numa desvantagem amanhã. Por isso, os colaboradores se veem pressionados a atualizar continuamente seu conjunto de conhecimentos, habilidades e atitudes, para ir ao encontro das competências exigidas pelas empresas em uma determinada função. O profissional que pretende manter-se no mercado de trabalho deve considerar o desenvolvimento de competências um processo contínuo e dinâmico influenciado pelas necessidades das organizações e pelo ambiente onde elas estão inseridas.

No Capítulo 4, observamos que, para uma comunicação ser eficaz, não basta abrir a boca e emitir um punhado de palavras para alguém. Com as palavras que seu intelecto organiza, sua voz e seu corpo transmitem emoções. Quanto mais integradas estiverem a razão e a emoção, mais eficiente será essa comunicação. Dessa forma, sua imagem influencia sobremaneira a comunicação interpessoal, além de contribuir para o êxito profissional – tanto no seu ingresso como na sua carreira. Entre outros aspectos, lembramos que o que vestimos reflete não só a nossa personalidade, mas também caracteriza a mensagem que desejamos transmitir.

Uma vez que o curso de ações para atingir seus objetivos já foi determinado, o mercado de trabalho precisa saber que você existe. No Capítulo 5, discorremos sobre algumas ferramentas que o marketing pessoal nos oferece para ampliarmos a visibilidade no ambiente profissional. A principal delas é o *networking*, mas abordamos também o cartão de visita, a elaboração de currículo e, finalmente, a preparação para uma entrevista de seleção, pois, em última instância, são todas complementares.

Finalmente, no Capítulo 6, são apresentadas diversas opiniões obtidas em depoimentos ou na mídia impressa e eletrônica sobre os temas que foram tratados nos capítulos anteriores. A multiplicidade de perspectivas tem o objetivo de reforçar a ideia de que você é um produto e deve saber como agregar atributos e ser atrativo para o mercado de acordo com seus sonhos e objetivos.

Concluímos que situações indesejáveis da vida profissional e pessoal podem ser transformadas pela aplicação dos princípios e das ferramentas do marketing pessoal. Não há, contudo, fórmulas prontas. O resultado satisfatório depende do planejamento, do esforço e da determinação de cada um.

referências

ANDERSEN, B. *Business Process Improvement Toolbox*. Milwaukee: ASQ Quality Press, 1999.

ANTEZANA, H. Branding and Impression Management. In: EASTMAN, L. E. (Ed.). *You're on Stage!* Image, Etiquette, Branding & Style. Prospect: Professional Woman Publishing, 2007.

ARONSON, R. B. Forward Thinkers Take to Reverse Engineering. *Manufacturing Engineering*, Dearborn, v. 117, n. 5, 1996.

ARRUDA, W.; DIXSON, K. *Career Distinction*: Stand out by Building your Brand. New York: John Wiley & Sons, 2007.

ATENÇÃO: você está sendo observado. *O Estado de S. Paulo*, 22 dez. 2006. Suplemento Feminino. Disponível em: <http://www.estadao.com.br/arquivo/suplementos/2006/not20061222p73042.htm>. Acesso em: 19 dez. 2008.

BITTMANN-NEVILLE, N. A Brand Called You. In: EASTMAN, L. E. (Ed.). *You're on Stage!* Image, Etiquette, Branding & Style. Prospect: Professional Woman Publishing, 2007.

BOMZER, D. *Networking*: How to Get a Good Connection. 10 May 2002. Disponível em: <http://sciencecareers.sciencemag.org/career_magazine/previous_issues/articles/2002_05_10/noDOI.14535192534290069 78>. Acesso em: 17 fev. 2008.

BOND, M. T.; OLIVEIRA, M. de. *Manual do profissional de secretariado*. Edição do autor. Curitiba: [s.n.], 2008. v. 1: Conhecendo a profissão.

BRASIL. Decreto n. 6.523, de 31 de julho de 2008. *Diário Oficial da União*, Poder Executivo, Brasília, DF, 1º ago. 2008. p. 8. Disponível em: <http://www.planalto.gov.br/ccivil_03/_Ato2007-2010/2008/Decreto/D6523.htm>. Acesso em: 2 fev. 2009.

BURGARDT, L. *Veja os 10 erros fatais em uma entrevista de emprego.* 25 jan. 2008. Disponível em: <http://www.universia.com.br/materia/materia.jsp?materia=15265>. Acesso em: 30 out. 2008.

BUSINESSWEEK. *Creating Brand You.* 20 Aug. 2007. Disponível em: <http://www.businessweek.com/magazine/content/07_34/b4047419.htm?chan=search>. Acesso em: 22 out. 2008.

CABRERA, L. C. Pratique o autoconhecimento, *Você S/A*, São Paulo, n. 121,. jul. 2008. Disponível em: <http://vocesa.abril.com.br/edicoes/121/fechado/materia/mt_288939.shtml>. Acesso em: 27 out. 2008.

CAMPOS, A. *10 dicas de conteúdo para criar um modelo de curriculum caprichado.* 10 nov. 2006a. Disponível em: <http://www.efetividade.net/2006/11/10/10-dicas-de-conteudo-para-criar-um-modelo-de-curriculum-caprichado>. Acesso em: 30 out. 2008.

_____. *10 dicas para criar os melhores cartões de visita e usá-los com efetividade.* 26 nov. 2006b. Disponível em: <http://www.efetividade.net/2006/11/26/10-dicas-para-criar-os-melhores-cartoes-de-visita-e-usa-los-com-efetividade>. Acesso em: 30 out. 2008.

_____. *Entrevista de emprego*: perguntas e como responder – parte 1. 17 jan. 2008a. Disponível em: <http://www.efetividade.net/2008/01/17/entrevista>. Acesso em: 10 nov. 2008.

_____. *Entrevista de emprego*: perguntas e como responder – parte 2. 18 jan. 2008b. Disponível em: <http://www.efetividade.net/2008/01/18/entrevista-de-emprego>. Acesso em: 10 nov. 2008.

CAREERXROADS. *6th 2006 Annual Sources of Hire Study.* 2007. Disponível em: <http://www.careerxroads.com/news/SourcesOfHire06.pdf>. Acesso em: 16 dez. 2008.

CARROLL, L. *Alice no País das Maravilhas.* Petrópolis: Arara Azul, 2002.

CASTRO, I. de. Postura não é só endireitar as costas. *Gazeta Mercantil*, São Paulo, 3 ago. 2007. Caderno C, p. 9. Disponível em: <http://indexet.gazetamercantil.com.br/arquivo/2007/08/03/287/Postura-nao-e-so-endireitar-as-costas.html>. Acesso em: 19 dez. 2008.

CATHO ONLINE. *Networking*: você sabe fazer o seu? Disponível em: <http://www.catho.com.br/dicas/lista2.php?fonte=0&qual=9&idi=339&titt=U3VjZXNzbw==&titulo=TmV0d29ya2luZy4gVm9j6iBzYWJlIGZhemVyIG8gc2V1Pw%3D%3D>. Acesso em: 29 out. 2008.

CHIAVENATO, I. *Administração geral e pública.* Rio de Janeiro: Campus, 2006.

CLEMMER, J. *Accept What Can't be Changed and Change What Can Be.* 2008. Disponível em: <http://www.clemmer.net/articles/Accepting_responsibility_for_choices.aspx>. Acesso em: 22 jan. 2009.

CORKINDALE, G. *11 Ways to Build Your Personal Brand.* 5 Mar. 2008. Disponível em: <http://discussionleader.hbsp.com/corkindale/2008/03/11_ways_to_build_your_personal_1.html>. Acesso em: 27 out. 2008.

COSTA, J. E. Eles deixaram sua marca. *Você S/A*, São Paulo, 13 ago. 2004. Disponível em: <http://vocesa.abril.com.br/aberto/voceemacao/pgart_03_13082004_46257.shl>. Acesso em: 27 out. 2008.

DARLING, D. Career tips and tatics. *Executive Agent's Electronic Newsletter*, Peterborough (New Hampshire), Jan. 2005.

DAVIDSON, J. *Faça seu marketing pessoal e profissional.* São Paulo: Madras, 2000.

DINIZ, D. Aparência importa, sim. *Você S/A*, São Paulo, n. 89, nov. 2005. Disponível em: <http://www.sinprorp.org.br/Clipping/2005/331.htm>. Acesso em: 30 out. 2008.

DINSMORE, P. C. O projeto você. *Você S/A*, São Paulo, n. 54, dez. 2002. Disponível em: <http://vocesa.abril.com.br/edicoes/54/pgart_04_14012003_4563.shl>. Acesso em: 27 out. 2008.

ÉPOCA NEGÓCIOS. *Use o lado direito do cérebro e seja feliz*. 17 jul. 2008. Disponível em: <http://epocanegocios.globo.com/Revista/Epocanegocios/0,,EDG84075-8376-17,00-US E+O+LADO+DIREITO+DO+CEREBRO+E+SEJA+FELIZ.html>. Acesso em: 28 out. 2008.

FARAH, E. E. O gestor e a sua fundamental coerência. *Gazeta Mercantil*, São Paulo, 15 out. 2007. Caderno C, p. 9. Disponível em: <http://indexet.gazetamercantil.com.br/arquivo/2007/10/15/633/O-gestor-e-a-sua-fundamental-coerencia.html>. Acesso em: 19 dez. 2008.

FARIA, Carlos A. de. *As nossas necessidades e os nossos desejos*. 2004. Disponível em: <http://www.merkatus.com.br/10_boletim/112.htm>. Acesso em: 17 fev. 2009.

FERRARI, R. *Gestão de vida e dos negócios*. Edição do autor. Belo Horizonte: [s.n.], 2006.

FIGUEIREDO, A. R. de. Perfil profissional agora tem novos "ingredientes". *Folha de São Paulo*, 26 maio 2002. Disponível em: <http://www1.folha.uol.com.br/fsp/empregos/ce2605200247.htm> (somente para assinantes). Acesso em: 19 dez. 2008.

GEHRINGER, M. O que é... networking?. *Você S/A*, São Paulo, n. 29, nov. 2000. Disponível em: <http://vocesa.abril.uol.com.br/edi29/max138.shl>. Acesso em: 17 fev. 2009.

GOMES, S. *Secretária nota 10*. Brasília: 2003.

HATFIELD, H. Making a Great Entrance: How to Enter Any situation with Confidence. In: EASTMAN, L. E. (Ed.). *You're on stage! Image, Etiquette, Branding & Style*. Prospect: Professional Woman Publishing, 2007.

HOLZ, M. L. M. *A linguagem do corpo*: comunicação não verbal. Disponível em: <http://www.mh.etc.br/ml_comunicacaonaoverbal.htm>. Acesso em: 28 out. 2008.

IWAKURA, M. Profissionais que estabelecem uma boa rede de relacionamentos dentro da empresa ganham visibilidade. *Folha de São Paulo*, 12 jun. 2006. Sua Carreira. Disponível em: <http://www1.folha.uol.com.br/fsp/empregos/ce1206200506.htm> (somente para assinantes). Acesso em: 19 dez. 2008.

JENSEN, D. Networking, Part 1: Making the Most of Your Contacts. *Science*, New York, Aug. 2003. Disponível em: <http://sciencecareers.sciencemag.org/career_development/previous_issues/articles/2520/networking_part_1_making_the_most_of_your_contacts>. Acesso em: 29 out. 2008.

KALIL, G. *Alô, chics!* – Etiqueta contemporânea. São Paulo: Ediouro, 2007.

KAPUTA, C. *U R a Brand!* Mountain View: Davies-Black Publishing, 2006.

KNAPIK, J. *Gestão de pessoas e talentos*. Curitiba: Ibpex, 2006.

KOTLER, P.; ARMSTRONG, G. *Princípios de marketing*. São Paulo: Prentice Hall, 2007.

LACERDA, A. P. Vestuário e aparência influenciam a imagem do executivo. *O Estado de São Paulo*, 8 ago. 2007. Economia. Disponível em: <http://www.estadao.com.br/economia/not_eco31503,0.htm>. Acesso em: 19 dez. 2008.

LEME, R. *Aplicação prática de gestão de pessoas por competências*. Rio de Janeiro: Qualitymark, 2005.

LIMA, S. Quem tem padrinho... tem vaga. *JB Online*, Rio de Janeiro, 19 jun. 2005. Economia. Disponível em: <http://quest1.jb.com.br/jb/papel/economia/2005/06/18/joreco20050618001.html>. Acesso em: 19 dez. 2008.

LINKEMER, B. *Cuide bem de sua imagem profissional*: que imagem os outros têm de você, quem você realmente é, como transmitir sua verdadeira imagem. São Paulo: Nobel, 1991.

LUPORINI, F. Amiga de faculdade ofereceu oportunidade. *Jornal de Londrina*, 24 mar. 2008. Disponível em: <http://portal.rpc.com.br/jl/geral/conteudo.phtml?id=749597>. Acesso em: 19 dez. 2008.

MACÊDO, G. B. de. Planeje sua carreira com inteligência. *Você S/A*, São Paulo, n. 70, abr. 2004. Disponível em: <http://vocesa.abril.uol.com.br/aberto/colunistas/pgart_0701_20042004_38005.shl>. Acesso em: 27 out. 2008.

_____. Ponto de partida. *Você S/A*, São Paulo, n. 23, maio 2000. Disponível em: <http://vocesa.abril.uol.com.br/testes/ponto_de_partida/ponto_de_partida.html>. Acesso em: 18 dez. 2008.

MARTINS, R. *Benchmarking de pessoas*. 19 jul. 2004. Disponível em: <http://www.administradores.com.br/artigos/benchmarking_de_pessoas/128>. Acesso em: 22 out. 2008.

MAXIMIANO, A. C. A. *Teoria geral da administração*: da escola científica à competitividade na economia globalizada. São Paulo: Atlas, 2000.

MCGARITY, C. Success stories! A look at four successful women & their brand. In: EASTMAN, L. E. (Ed.). *You're on Stage! Image, Etiquette, Branding & Style*. Prospect: Professional Woman Publishing, 2007.

MCNALLY, D.; SPEAK, K. D. *Be Your Own Brand*: a Breakthrough Formula for Standing Out from the Crowd. San Francisco: Berret-Koehler, 2001.

MINARELLI, J. A. O click e o cartão de visitas. *Gazeta Mercantil*, 30 jul. 2007. Caderno C, p. 9. Disponível em: <http://indexet.gazetamercantil.com.br/arquivo/2007/07/30/293/O-click-e-o-cartao-de-visitas.html>. Acesso em: 19 dez. 2008.

_____. Você sabe fazer networking? *Revista Vencer*, n. 55, abr. 2004. Disponível em: <http://www.administradores.com.br/artigos/networking_voce_sabe_fazer/10428>. Acesso em: 19 dez. 2008.

MONTEIRO, M. Como eliminar suas chances de recolocação no mercado. *Gazeta Mercantil*, 1º jul. 2008. Caderno C, p. 11. Disponível em: <http://indexet.gazetamercantil.com.br/arquivo/2008/07/01/9/Como-eliminar-suas-chances-de-recolocacao-no-mercado.html>. Acesso em: 19 dez. 2008.

MONTOYA, P.; VANDEHEY, T. *The Brand Called You*. Corona del Mar: Personal Branding Press, 2005.

MUSSAK, E. Quem não se comunica se trumbica! *Vida simples*, São Paulo, out. 2005. Disponível em: <http://vidasimples.abril.com.br/edicoes/033/atitude/conteudo_237645.shtml>. Acesso em: 28 out. 2008.

NAN HUA BUDDHIST TEMPLE. *Fate is in Your Own Hands*. Disponível em: <http://www.nanhua.co.za/Reading/Story/Fate%20Is%20in%20Your%20Own%20Hands.htm>. Acesso em: 22 jan. 2009.

NATALENSE, M. L. C. *Secretária executiva*: manual prático. São Paulo: IOB, 1998.

NEIVA, E. G.; D'ELIA, M. E. S. *Educação profissional*: ensino programado a distância. São Paulo: Thomson IOB, 2003.

PADRONIZAÇÃO em seleção dificulta busca por candidato ideal. *Folha de São Paulo*, 25 set. 2005. Empregos. Disponível em: <http://www1.folha.uol.com.br/fsp/empregos/ce2509200502.htm> (somente para assinantes). Acesso em: 19 dez. 2008.

PASSADORI, R. *Problemas mais comuns de comunicação*. 27 out. 2003. Disponível em: <http://www.consultores.com.br/artigos.asp?cod_artigo=244>. Acesso em: 28 out. 2008.

PERSONA, M. *Marketing pessoal*: o poder do marketing pessoal e de relacionamento. Disponível em: <http://www.mariopersona.com.br/marketing-pessoal.html>. Acesso em: 22 out. 2008.

PINK, D. H. *A revolução do lado direito do cérebro*. Rio de Janeiro: Campus, 2005.

PORTAL APRENDIZ. "Imposição" de estilo segue a área de atuação. *Folha de São Paulo*, 12 ago. 2002. Empregos. Disponível em: <http://www2.uol.com.br/aprendiz/guiadeempregos/executivos/info/artigos_120802.htm#3>. Acesso em: 19 dez. 2008.

QUASE 30% dos profissionais voltam a trabalhar para ex-patrões. *O Globo Online*, Rio de Janeiro, 30 out. 2007. Disponível em: <http://oglobo.globo.com/economia/seubolso/mat/2007/10/29/326936356.asp>. Acesso em: 19 dez. 2008.

RICCI, J. *Como montar seu projeto de vida*. Disponível em: <http://carreiras.empregos.com.br/carreira/administracao/noticias/040603-career_projeto_dinsmore.shtm>. Acesso em: 27 out. 2008.

RIES, A.; TROUT, J. *Posicionamento*: a batalha pela sua mente. São Paulo: Pioneira Thomson Learning, 1996.

RITH, C. *The 7 Deadly Sins of Resume Design*. 26 Sept. 2006. Disponível em: <http://www.lifeclever.com/the-7-deadly-sins-of-resume-design>. Acesso em: 30 out. 2008.

ROFFER, R. F. *Make a Name for Yourself*. New York: Broadway Books, 2002.

ROSA, J. A. *Qual é o seu ponto forte?* Disponível em: <http://www.manager.com.br/reportagem/reportagem.php?id_reportagem=1310>. Acesso em: 27 out. 2008.

SANCHEZ, M. *50 Surefire Business Card Tips*. Disponível em: <http://www.allfreelancework.com/articlesanchez.php>. Acesso em: 30 out. 2008.

SATO, K. *Veja o que as empresas valorizam no currículo*. Disponível em: <http://web.infomoney.com.br/templates/news/view.asp?codigo=1242864&path=/suasfinancas/carreiras/mercado>. Acesso em: 16 dez. 2008.

SCHAWBEL, D. *4P's in Personal Branding*. 26 Dec. 2007. Disponível em: <http://personalbrandingblog.wordpress.com/2006/12/27/4-ps>. Acesso em: 22 out. 2008.

_____. *Your Personal Marketing Plan*: Part 2 of 5. 16 Jan. 2008. Disponível em: <http://personalbrandingblog.wordpress.com/2008/01/16/your-personal-marketing-plan-part-2-of-5>. Acesso em: 22 out. 2008.

SCOBLE, R. *Business Cards Best Practices*. 6 July 2006. Disponível em: <http://scobleizer.com/2006/07/05/business-card-best-practices>. Acesso em: 30 out. 2008.

SENAI-PR – Serviço Nacional de Aprendizagem Industrial do Paraná. Labtec – Laboratório de Tecnologia Educacional. *Administração de recursos humanos.* Curitiba, 2003a.

_____. *Competências interpessoais.* Curitiba, 2003b.

_____. *Psicologia do trabalho.* Curitiba, 2001a.

_____. *Relações interpessoais.* Curitiba, 2001b.

SHELDON, R. *Marketing and Networking*: the Importance of Today's Business Cards. 8 Mar. 2007. Disponível em: <http://ezinearticles.com/?Marketing-And-Networking---The-Importance-Of-Todays-Business-Cards&id=482172>. Acesso em: 30 out. 2008.

SILVEIRA, M. Conversa fiada. *Você S/A*, São Paulo, n. 29, nov. 2000. Disponível em: <http://vocesa.abril.uol.com.br/edi29/isto48.shl>. Acesso em: 31 out. 2008.

STAUT, A. Quem tem medo do marketing pessoal? *Gazeta Mercantil*, São Paulo, 16 maio 2008. Caderno C, p. 9. Disponível em: <http://indexet.gazetamercantil.com.br/arquivo/2008/05/16/13/Quem-tem-medo-do-marketing-pessoal.html>. Acesso em: 19 dez. 2008.

TAVARES, I. Conversa em classe rende contatos e até empregos. *Folha de São Paulo*, 28 jan. 2007. Disponível em: <http://www1.folha.uol.com.br/fsp/especial/fj2801200714.htm> (somente para assinantes). Acesso em: 19 dez. 2008.

TOLDA, S. Opinião que conta. *IDG Now*, São Paulo, mar. 2008. Disponível em: <http://idgnow.uol.com.br/mercado/b2u/idgcoluna.2008-03-12.3940355010>. Acesso em: 31 out. 2008.

UNITED STATES DEPARTMENT OF LABOR. Bureau of Labor Statistics. *Applying for a job.* 18 Dec. 2007a. Disponível em: <http://www.bls.gov/oco/oco20043.htm>. Acesso em: 30 out. 2008.

_____. *Job Interview Tips.* 18 Dec. 2007b. Disponível em: <http://www.bls.gov/oco/oco20045.htm>. Acesso em: 30 out. 2008.

UNIVERSIA. *Conheça os 10 principais erros no trabalho em equipe.* Disponível em: <http://www.universia.com.br/materia/materia.jsp?materia=16011>. Acesso em: 28 out. 2008.

VETTER, S. *Stand Out!* Branding Strategies for Business Professionals. Carlsbad: July Publishing, 2005.

VIA ESTÁGIOS. *Dicas para melhorar o currículo.* Disponível em: <http://www.via.com.br/canais/estagio/dicas_curriculo01.php>. Acesso em: 30 out. 2008.

WOOG, D. *Thirteen networking mistakes.* Disponível em: <http://career-advice.monster.com/career-networking/Thirteen-Networking-Mistakes/home.aspx>. Acesso em: 30 out. 2008.

respostas

Capítulo 1

1. d
2. c
3. d
4. Uma vez que os princípios e fundamentos de marketing podem e devem ser aplicados também na esfera pessoal, ao desenvolver um plano de marketing pessoal, você pode gerenciar sua carreira, identificar oportunidades de trabalho, aprimorar competências de acordo com as demandas do mercado e conseguir obter maior visibilidade profissional. Tudo devidamente pesquisado e planejado, exatamente como um plano de marketing deve realmente ser.
5. Produto: O produto ocupa uma posição central no composto de marketing pessoal uma vez que os outros "Ps" orbitam ao seu redor. Só que, nesse caso, o produto é você!... com suas competências, formação, experiências, ambições e demais características.

Preço: É o valor que podemos agregar a uma empresa em virtude do conjunto de conhecimentos, títulos e anos de experiência que possuímos.

Praça: Corresponde ao mercado ou à empresa que identificamos como sendo o alvo de nosso interesse profissional, o público do qual esperamos encontrar maior receptividade ao pleitear uma colocação.

Promoção: Está relacionada com a forma de comunicação que utilizamos para dar visibilidade à nossa marca pessoal e tem por objetivo influenciar a opinião que os outros têm sobre nós.

Capítulo 2

1. d
2. c
3. d
4. Missão, visão e valores pessoais são elementos fundamentais para o início da caminhada de autodescoberta que delineará o planejamento da carreira pessoal e profissional, por meio da identificação de aspectos que precisam ser alterados ou aprimorados.

Missão: É algo que dá sentido a nossas vidas, é o nosso propósito de vida. Ao defini-la, ela se torna o ponto para o qual todas as nossas ações convergem.

Visão: É a definição de aonde queremos chegar daqui a alguns anos, estabelecendo um prazo para que esse futuro se realize.

Valores: São representados por aquilo que julgamos ser certo ou errado, ou seja, aquilo que conduz nossas atitudes ao longo da vida: o respeito, a transparência, a honestidade e a ética, qualquer que seja a circunstância.

5. Maturidade: São profissionais disciplinados e equilibrados que sabem o que deve ser feito, por isso usam o tempo a seu favor, de acordo com o que foi planejado.

Motivação e autoconfiança: São profissionais determinados e seguros com disposição física e mental para executar seu projeto de vida.

Adaptação às mudanças: São profissionais flexíveis que revisam suas crenças e metas para se adaptarem facilmente às constantes mudanças observadas no mundo corporativo.

Capítulo 3

1. c
2. c
3. c
4. Porque pessoas são diferentes entre si. Cada qual tem seus valores, princípios, interesses e limitações, que, se não forem respeitados, serão motivo de desavença nos relacionamentos interpessoais.
5. Irritar-se com a equipe: Pessoas têm ritmos de trabalho e processos de aprendizagem diferentes. Compreenda que isso não as torna menos ou mais competentes que você, elas apenas realizam o trabalho de uma maneira diferente da sua.
Não ouvir os colegas: Todos devem ser ouvidos, dos menos aos mais experientes. Assim, todos os membros do grupo se sentem aceitos, participantes e estimulados a contribuir com novas ideias e soluções.

Capítulo 4

1. d
2. a
3. b
4. A mensagem que desejamos transmitir verbalmente deve ser tecnicamente adequada ao público a quem se destina. Isso significa que, para sermos compreendidos, o que comunicamos deve ser manifestado por meio de palavras cuja dificuldade técnica seja compatível com o conhecimento do nosso interlocutor. Se a comunicação não flui, a tendência é que surjam conflitos e mal-entendidos.
5. As empresas são diferentes entre si. Há aquelas mais formais e outras menos formais. Essa variação depende da cultura e do clima organizacional de cada uma. Além disso, o cargo que ocupamos dentro da empresa também apresenta suas particularidades. Porém, todas as empresas têm seus padrões de

exigência em relação à imagem de seus funcionários, afinal, a empresa é representada por eles.

Capítulo 5

1. b
2. a
3. b
4. Não podemos esquecer que bons relacionamentos levam tempo para serem construídos. É importante que sua rede de relacionamentos comece a ser criada quando você não estiver precisando dela. Então, não podemos esperar uma situação emergencial aparecer para dar o pontapé inicial. Para quem vai começar a rede do zero, é melhor estabelecer os contatos iniciais com ex-professores e ex-colegas de trabalho e de escola. Também não podemos deixar escapar oportunidades que surgem quando participamos de seminários, feiras e eventos.
5. O princípio do *networking* não está com base em obtenção de vantagens ou abusos ilimitados. Ao contrário, se alguém da nossa rede de relacionamentos nos prestar algum favor ou nos passar alguma informação, devemos necessariamente dar-lhe uma retribuição. O "toma lá dá cá" é parte integrante de um *networking* bem-sucedido.

sobre a autora

Cláudia Mônica Ritossa é paranaense, nascida em Londrina. Formou-se em Secretariado Executivo no Los Angeles Business College, nos Estados Unidos, no ano de 1980. Durante sua estada de dois anos no exterior, trabalhou como secretária executiva bilíngue para uma empresa importadora de minérios do Brasil. De 1981 a 1987, já de volta ao Brasil, foi secretária executiva bilíngue da gerência controladora da General Motors do Brasil, em Curitiba. Em 1985, formou-se bacharel em Administração de Empresas e Comércio Exterior pela Faculdade de Ciências Administrativas e Comércio Exterior do Paraná (Face), em Curitiba. Em 1992, obteve seu registro de secretária executiva na Delegacia Regional do Trabalho do Paraná (DRT-PR). Em 1993, ingressou por concurso público na Universidade Federal do Paraná (UFPR), iniciando suas atividades na chefia da divisão de importação da instituição. A pós-graduação em Marketing Empresarial pela UFPR foi concluída em 1995. Durante oito anos, de 1995 a 2002, assessorou o ex-prefeito de Curitiba e então governador do Estado do Paraná e presidente da União Internacional de Arquitetos, Jaime Lerner, desenvolvendo e implantando projetos de tecnologia da informação. Em 2003 e 2004, gerenciou o projeto de implantação do Sistema de Bilhetagem Eletrônica da Rede Integrada de Transporte de Curitiba, no cargo de assessora técnica da presidência da Urbanização de Curitiba S.A. (URBS). Em 2007, ingressou no Grupo Uninter, onde se encontra até hoje, lecionando em cursos presenciais e a distância. Em 2008, obteve seu título de mestre em Administração pela UFPR, conduzindo sua pesquisa na linha de estratégias de internacionalização. Atualmente, é doutoranda em Administração, também pela UFPR, instituição à qual ainda permanece vinculada, agora exercendo suas atividades na Pró-Reitoria de Administração. Seus artigos foram publicados em diversos periódicos e apresentados em congressos de renome nacional. É palestrante e professora de cursos de pós-graduação. Possui mais um livro publicado pela Editora InterSaberes: *Tópicos especiais em marketing*.

Os papéis utilizados neste livro, certificados por instituições ambientais competentes, são recicláveis, provenientes de fontes renováveis e, portanto, um meio **respons**ável e natural de informação e conhecimento.

MISTO
Papel produzido
a partir de
fontes responsáveis
FSC® C103535

Impressão: Reproset
Janeiro/2022